SEIBIDO 保育BOOK

ベテラン保育士直伝!

子どもに届く ことばがけ

矢吹秀徳 著

成美堂出版

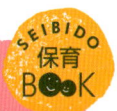

はじめに

子どもたちは驚くほど聡明で、いつも前向きです。トラブルがあっても、何とかそれをのり越え、次へと進もうとする意志や行動力には、敬意さえ感じるほどです。本書では、そんな子どもたちが園での生活を主体的に組み立て、自立・自律していくためにどう言葉をかけていこうかと、長年工夫しつつ実践してきたものをそろえました。

これらの言葉がけは、保育士として自分が心している３つの姿勢から生み出してきました。

①子どもの選択権と意見表明権をどんなときも守る。

②子どもに接するときは「まあるく」をモットーに、態度も言葉も子どもを包むようにやさしく、やわらかく表現する。

③常に保育のアイデアを工夫し、考えることをやめない。

保育の現場で交わし合う言葉は、子どもとともに一刻一刻創っていくもの。柔軟な頭と心で、現場に立ち続けることが何より大切なのです。みなさんも子どもたちとの関係の中で、昨日より今日、今日より明日と、よりよい言葉を見つけていってください。本書がそのひとつの参考になれば幸いです。

東京都練馬区立豊玉第三保育園　保育士　矢吹秀徳

CONTENTS

SCENE 8　年中行事

- 避難訓練中にふざけているとき ……………………………………………… 134
- 参観日で後ろが気になって話を聞いていないとき ………………………… 136
- 保護者が行事に参加できず子どもがひとりでいるとき …………………… 138
- 運動会の練習をやりたがらないとき ………………………………………… 140
- 発表会などで緊張しているとき ……………………………………………… 142

日常生活や行事でありがちな困った場面を例に、子どもの心をつかむ言葉がけを紹介していきます。

・・・・・・・・・・・・・・・ マークの見方 ・・・・・・・・・・・・・・・

言葉がけをする子どもの対象を示しています。年長は5～6歳、年中は4～5歳、年少は3～4歳、乳児は3歳未満。

子どもの心がつかめる言葉がけの例を紹介しています。

言葉がけをするとき、またはその前後の動作ポイントを紹介しています。

先生から言葉をかけられたときの子どもの気持ちを紹介しています。

さらに子どもの心をつかむためのワンポイントアドバイスを紹介しています。

紹介した言葉がけとはまたちがった方法を紹介しています。

似たような状況でよく起こりうる場面の対処法を紹介しています。

つい言ってしまいがちなNGワード例を紹介しています。

SCENE 1

登園

一日が始まるもっとも大切な登園時間。その日の子どものきげんや体調をそのまま受けとめて、一日中モヤモヤした気持ちを引きずらない言葉がけが大切です。

「おはよう」のあいさつが言えないとき

園の一日はあいさつから始まります。元気に「おはよう」と声が返ってくれば安心ですが、そうでないときこそ、プロの対応が求められます。

子どもの心

わたしに言っているのかな？あいさつしなきゃいけないけど、声が出ないよう……

年長 年中

あいちゃん、おはよう

POINT

子どもと目線を合わせてからゆっくり、笑顔で声をかける。

子どもの心がつかめる理由

子どもを追い詰めずに少しずつ積み重ねていこう

すぐにあいさつができなかった子どもに対し、先生が笑顔でゆっくり名前を呼び、「おはよう」ともう一度ていねいにあいさつすることで、子どもはあいさつができなかった後ろめたさから解放され、先生に受け入れてもらえたと感じます。また、「あいさつは元気に」という思い込みは、子どもを追い詰めてしまいます。たとえ小さな声でも「おはよう」が言えたら、それをしっかり受けとめてあげましょう。園の生活は毎日の積み重ね。長い目で見ていく、心のゆとりが大切ですね。

子どもの心

あいさつはドキドキしちゃうけど、先生のお顔を見たらにっこりしていたから、おはようって言えた。何だかうれしいな！

年少 乳児

笑顔が返ってくればOK

あいさつがなくてもニコッと笑顔を見せてくれれば、リアクションとしては十分です。保護者と先生が、「おはようございます」と、きちんとあいさつを交わすところを子どもに見せていきましょう。

アドバイス

視診でしっかり今日の様子を把握

あいさつをしない理由が、引っ込み思案なだけなのかどうか、推しはかるのも重要。いつもより動きがにぶい、表情がさえないなど気になる様子が見えたら、体調・きげん・ケガのあるなしなど、しっかり視診しましょう。

✕「おはようございますって言ってごらん！」

子どもにあいさつを強要すると、いつもは元気な子であっても、きげんが悪いときはさらに怒り出したり、内気な子はかえって口を閉じてしまいます。追い詰めずに、その日、そのときの子どもの気持ちを受けとめることのほうが大切です。

子どもの心

おはようって思ったけど、先生が何度も言わせようとしたから、イヤになってきちゃった。下を向いていよう……

SCENE 1　登園

「おはよう」の声が小さくて保護者が大きな声を催促するとき

「おはよう」の声が小さいとき、子どもの気持ちも保護者の立場も、両方をたてる言葉をかける必要があります。子どものがんばる気持ちをフォローしてあげましょう。

子どもの心

ぼく、精一杯あいさつしたよ。大きな声でってママは言うけど、恥ずかしいんだもん

年長　年中

言えたよね、うんうん！
ＯＫ！

POINT

手でＯＫサインを出しながら伝える。

子どもの心がつかめる理由

気持ちを受けとめたことを伝え保護者も安心させる

子どものあいさつの声が小さいと、つい保護者は子どもに大きな声を求めてしまいがちです。そんなときは先生が子どもの気持ちを代弁し、きちんと「言えたよね」と受けとめてあげましょう。また、「ＯＫ」という言葉で、保護者もホッとし、それ以上子どもに催促する必要がなくなるのです。子どもの気持ちは不安から、「勇気を振りしぼってよかった」と報われた気持ちにかわります。こうした小さな成功体験が、やがて「大きな声であいさつをしたい」という前向きな思いにつながっていきます。

子どもの心

ママが怒ってドキドキしたけど、先生がちゃんと聞いてくれたから、ホッとしちゃった。明日はもっと大きい声でがんばってみよう！

年少　乳児

「おはようって、ちゃんと聞こえたよ。えらい！」

たとえ小さな声でも、年少さんであいさつができたのは立派。「ちゃんと聞こえたよ」と認め、がんばったことをよろこびます。あいさつが楽しくなる雰囲気をつくりましょう。

こんな方法も

小声で「おはよう」を返す

同じ動作をまねることで共感・協調が生まれることを共鳴動作といいます。先生も小声で話しかけ、「何だか内緒話しているみたいだね、もう少し大きな声で話そうか」と言えば、子どもも笑って自然と声が出てきます。

✕「ほら、ママも大きな声でって言っているよ！」

保護者の言葉をさらに繰り返して子どもに浴びせると、子どもの落ち度をいっそう強調することになります。その結果、保護者のいら立ちや焦りが増し、子どもはますます萎縮してしまいます。

子どもの心

ママも先生も怒っている。どうしよう……。怒っちゃイヤだ。どうしよう……

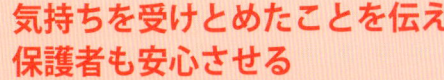

泣きながら登園したとき

朝から泣いて登園した子に「泣いてはダメ」と言っても、子どもにとっては悲しくなるばかり。そんなときに効く魔法の言葉があります。

年長 年中

子どもの心

自分で靴を履きたかったけど、ママがさっさとやってできなかった。くやしいよ！　帰って自分でやりたいよ！

POINT

子どもを受け入れたあと、すぐしゃがみ、子どもをひざに座らせる。

そうかそうか、よしよし、自分で履きたかったんだね……

POINT

子どもを内向きに抱き、小声でつぶやく。

POINT

気持ちが落ちついてきたら、外向きに抱いて、お友だちの楽しそうな様子を見せる。

子どもの心がつかめる理由

つぶやくようなささやき声が子どもの心にスーッと入り込む

　泣いている理由は子どもではなく、保護者にたずね、まず「わかりました。大丈夫ですよ」と、保護者を安心させて送り出します。それからは、子どもが自分で先生のひざから立ち上がるまでひたすら抱っこし、「うんうん、○○だったんだね～。よしよし」など、子どもの気持ちをなだめる言葉をひとり言のようにつぶやきましょう。

　「うんうん・よしよし・そうかそうか」は魔法の言葉。いかにやわらかく聞こえるように言うかが工夫のしどころです。子どもは、耳に心地よい言葉を聞いているうちに心が満たされ、やがて割り切って楽しさを求める方向へと自然に向かいます。見極めのポイントは、抱いていた子どもが自分で足を床に下ろしたとき。満足させてから下ろさないと、イライラがほかの子どもに向かい、トラブルにつながります。

先生のおひざにずっといたら、怒った気持ちが消えてきちゃった。あれ、みんな楽しそうだな。仲間に入れてもらおう！

子どもの心

年少　乳児

「魔法の言葉＋一緒に○○しようか？」

　“おひざで抱っこ”同様、“背中でおんぶ”も、小さな子どもは安心します。「よしよし」と魔法の言葉であやして、泣きやんできたら、ほかの子どもたちが楽しく遊んでいる姿を見せます。お友だちのほうに関心を示したら「一緒に○○しようか？」と誘うと、気持ちが切りかわります。

×「いつまで泣いてるの。朝から泣かすなんて悪いママね」

　子どもや保護者を責めるような言葉は、たとえ小さな声でも発言すべきではありません。先生は“きげんの悪い子を受け入れるのが仕事”です。子どもや保護者を責めて無理に泣きやませると、信頼関係は崩れてしまいます。

子どもの心

先生、きらい！　もう先生と遊びたくない。お友だちとも遊びたくない。もう帰りたいよ。ママ、帰ってきて！　わぁ～ん！

ママと離れるのがいやで泣き出したとき

登園したものの、ママとのお別れがいやで急に泣き出すことも多々あるでしょう。そんな分離不安の状態から立ち直らせたいときに効果的な言葉がけがあります。

年長 年中

子どもの心

ママ、行かないで。ママと離れるのイヤだよ～

もう1回、**ママに抱っこでギュ～してもらおうか？**

そうだね～、**ママがいいよね、ママが大好きだもんね**

POINT

ひざに座らせてゆっくり、やさしく、小声でつぶやくように。

子どもの心がつかめる理由

お別れの儀式をやり直させて子どもの気持ちを代弁してあげる

保護者とうまくお別れができないとき、分離不安を起こして泣き出すことがよくあります。保護者がおろおろすると子どもはますます不安になるので、保護者と子どもに「抱っこでギュ～」などと声をかけ、お別れの儀式をちゃんと行ったと双方が納得できる場を演出しましょう。それからひざの上に抱っこして「ママが大好きだもんね」と子どもの気持ちを静かに、語るともなくつぶやけば、子どもは「先生に自分の気持ちが伝わった」と気持ちが落ちついてきます。やがて自分の気持ちにケリがついたら、お友だちのところに向かうでしょう。

ママがいなくなるのがさびしかったけど、先生が抱っこしてくれたから、安心した。あれっ、さよちゃんたち楽しそう。一緒に遊ぼうかな

年少　乳児

「よしよし、ママがいいね」

年少さん以下は「そうかそうか」「よしよし」などの魔法の言葉を加え、あとは年中・年長さんと基本的には同じ対処です。頻繁にある年ごろなので、たとえ毎日泣いていても先生は態度をかえないこと。とにかく焦らず、いつもゆったりと受けとめて、子どもに安心感を与え続けましょう。

✕「泣いてもしょうがないよ。ママは行っちゃったよ」

安心できないまま保護者と別れてしまったうえに、突き放した言葉を投げつけられたら、子どもは絶望してしまいます。不安をあおる言葉は、子どもをさらに傷つけてしまうのでやめましょう。

もうママは帰ってこないかもしれない……。どうしよう！　追いかけたい。イヤだよ。わぁ～ん！

遅く登園してきて お友だちとなじめずにいるとき

お友だちの遊びがかなり進んでいる段階で遅れて登園すると、子どもながらも気おくれしてしまいます。子どもの集団力を利用して通常ペースに戻してあげましょう。

年長 年中

子どもの心

みんな楽しそうで入りづらいな。出遅れちゃったよ、どうしよう……

さあ、何して遊ぼうか？
おいで、一緒に遊ぼう！

ななちゃんがきたよ～

POINT

大きな声で言わないこと。

子どもの心がつかめる理由

子どもの背中をやさしく押し 子どもたちの集団力を利用する

　子どもたちは、朝の受け入れ時から徐々に遊びに夢中になっていくため、登園時間がずれると、お友だちと同じテンションで遊びに飛び込むことは、なかなか難しくなります。遊びの様子に圧倒されている子どもには、「おいで」「一緒に」などの言葉をかけるとともに、子どもの集団力を利用し、先生がお友だちに声をかけて遊びに誘ってもらえるよう誘導すれば、遅れた子も溶け込みやすくなるでしょう。年長さんには、「朝ゆっくりしすぎた？」などと笑顔で事情を軽くたずねて「早くこよう」という意識づけをしてもいいでしょう。

子どもの心

先生がわたしと一緒にみんなのところに行ってくれて、うれしかった。みんなもわたしのこと待っていたみたい。よかった！

年少

「何して遊ぶ？　一緒に遊ぼうね」

　保護者から子どもを受け入れたら、まず目と目を合わせてにっこり笑いかけ、ひざに抱っこしてゆったり座ります。「何して遊ぼうか？」とやさしく耳元で話しかけ、「一緒に」という言葉で孤立感を解消しましょう。

「遅かったね。もうみんな遊んでいるよ」

　気おくれしている子どもにさらにダメ出しをすると、子どもはかたまってしまい、次の行動＝遊びに移せなくなってしまいます。遅れた話題から離れ、いつもの行動へとあと押しする言葉をかけましょう。

子どもの心

ああ、遅れちゃったから、先生も怒っているし、みんなともう遊んでもらえないよ。ひとりぼっちになっちゃった……

保護者への言葉がけ

SCENE 1

泣く子どもが心配で園を出られないとき

保護者が踏ん切りをつけられるように安心感の伝わる言葉がけを

　朝の受け入れの時間、子どもが泣きついて親から離れず、保護者が不安になるケースはよくあります。そんなときに先生が困ったり、イライラした顔を見せると、保護者もよけいに動揺してしまいます。子どもが落ちついてきたタイミングを見計らって、「もういいかな？」と声をかけ、親子が離れるきっかけをつくり、まだ子どもが泣いていても、「お母さん、大丈夫ですよ」と言いながら保護者から離します。

　このような状況では、保護者自身が我が子と離れることに不安を感じています。そこで先生は「気持ちはわかるけど、お仕事があるでしょ」と背中を押してあげる気持ちと、「子どものことは任せておいて」と安心感のある態度を示すようにします。子どもと一緒に「いってらっしゃい」「はい、お仕事がんばって」などと言い、笑顔で送り出してあげましょう。

　保護者との会話で大切なことをひとつ。保護者と面と向かって話すときはきちんと敬語を使います。いくら信頼関係ができていても、節度ある態度を心がけるようにしましょう。

✕

「お母さんが困っていると子どもが不安になりますよ」

　泣いている我が子を見て、かわいそうと思うのは、親なら当たり前です。そんな子どもを心配する気持ちを否定しないこと。むしろわかってあげながら、でも「大丈夫ですよ」と安心させてあげるのがプロとしての役割です。

SCENE 2

室内遊び

子どもの発言や行動は、どれも子どもなりの考えがあってのことです。先生は、その気持ちをまず認めてあげてから、次の行動に移すと、子どもは納得するものです。

お絵描きで余白のほうが目立つとき

お絵描きのとき、画用紙にちょこっと描いただけで「できたよ！」と見せにくる子がいます。手を抜いているのかなと思いがちですが、そうではありません。

年長 年中

子どもの心

ぼくが好きなのはこういう木だよ！

なるほど～、これは何？

POINT

子どもの絵を一緒に見ながら絵について語らせる。

そうなんだ。**じゃあ、草や花も描いてみようか～？**

子どもの心が
つかめる理由

子どもの満足感を受けとめて一緒に完成した絵について話す

子どもが絵を描くとき、「ああで〜、こうで〜」とブツブツつぶやいていることはありませんか？　こうした語り描きの場合、自分のおしゃべりが絵を補完しているため、大人には余白だらけの絵に見えても、子どもにとっては「このシーンは完了」と考えていることが多いのです。まず、その満足感を認めてあげることが大切。そして、一緒に完成した絵を見ながら子どもに絵について語らせ、ほかに描きたせるものがないかを引き出してあげましょう。もし、本人がそこで納得しているようなら、無理強いしないことです。

子どもの心

先生にぼくの好きな木のお話をしたら、木の下に草と花があることを思い出した。それも描かなきゃね！

年少

「なるほど〜。そうか、そうか」

描いた絵について「お話を聞かせてね〜」とたずねます。「これはお家、これは先生」など、絵について子どもが話すことを聞いて、一緒に楽しみましょう。評価や催促をする必要はありません。

こんなときは…

紙からはみ出して描くとき

画用紙などからはみ出して描いてしまっても、それが気持ちの表現の場合はとがめません。絵の具などを使う場合は、あらかじめテーブルや床にシートを敷くなど、環境を整えておきましょう。

✕ 「じょうず。でもこのへん白いからもっと描こうね」

子どもが完成したと思っているのに、無理に絵を描かせようとしても反発してしまいます。また、「じょうずだね〜」「すご〜い」などの言葉を安易に使ってほめても、子どもはするどく見透かし、信頼されません。

子どもの心

先生、じょうずって言ったのに。もうちゃんと描いたのに、「もっと」って言うんだもん。ぼくの絵、本当にわかったのかな？

ぬりえをうまくぬれないまま終わりにするとき

ぬりえをすると、線を無視してただ好きな色をぬるだけだったり、ぐちゃぐちゃにぬったり……。“ぬりえ”の遊び方を教えるところから始めましょう。

年長 年中

子どもの心

枠とか色とか関係ないもん。ぬるのが楽しいの！

黄色でぬったんだね。ほかの色はいらなかったの？

POINT

色えんぴつに視線を向け、たくさんの色があることを示す。

先生もぬろうかな。**お皿は黄色に、ドーナツは茶色でチョコドーナツにしよう！**

POINT

子どもにぬりえのお手本を見せる。

子どもの心がつかめる理由

ぬったことをしっかり認めて自らも楽しそうにぬって見せる

最初に「なるほど、○色でぬったんだね」とその子どものぬりえを認め、気分を引き立てることが大切です。それから、「ほかの色はいらなかったの？」と投げかけて、使った色のほかにも、色えんぴつにはたくさんの色があることを思い出させます。そのうえで、ぬりえはさまざまな色が使えることを、先生が実際にやって見せて気づかせます。「ここは黄色、ここは茶色」などと色の名前を言い、さまざまな色を加えてあげることで、ぬりえが変化する楽しさを実感させてあげるといいでしょう。

子どもの心

先生が色えんぴつで茶色にぬったらチョコドーナツになっちゃった！ぬりえっておもしろい。わたしもいろんなドーナツにしちゃおう！

年少

「○色の三角だね〜」

年少さんには、本格的なぬりえはまだ難しいので、円や三角など簡単な形のぬりえを与え、子どもが何色を選んだかを話題にして盛り上げます。さまざまな色の三角ができたことで、子どもはウキウキします。

こんなときは…

線からはみ出してかんしゃくを起こすとき

「何色をぬったの？　きれいな○○になったね〜。いいの、いいの。はみ出てもいいんだよ」と、色をぬったことを話題にして認めると、子どももはみ出しへのこだわりを忘れます。

×「もっときれいに！　赤は？　全部ぬれてないよ」

子どもの中で色彩感覚が芽生えていないと、多色使いは難しいもの。枠からはみ出していることや１色だけでぬることを責めたり、「ここは○色でしょ」とぬる色を強制してしまっては、ぬりえ自体がきらいになるだけです。

子どもの心

何でいろんな色を使わなきゃいけないの？　黄色でぬりたかっただけなのに。めんどうくさいから、もうやらない！

絵本を読もうとすると「そのお話知っているよ」と騒ぐとき

「知っているよ」「前に読んだ」という子どもの声。「その本はいやだ」という意味に受け取らずに、深い読み取りへ誘導していきましょう。

年長 年中

子どもの心

その絵本は前に読んだよ。ちがう本にしてほしいな……

じゃあ、知っていること教えてくれる？　キツネが山に行ったとき、木のところに何がいたんだっけ？

POINT

子どもの顔を見ながら笑顔でたずねる。

POINT

質問に答えようとする子どもには、「だまっていてね」と声をかけたり、「シーッ」と口に指をあてる。

絵本は何度も読むものだよ。何度読んでもおもしろいもんね。さあ、読むよ！

子どもの心がつかめる理由

絵本の内容の細かな質問を投げかけ聞き入る態勢をつくる

子どもが「知っている」と騒ぐときは、①「別の本がいい」という訴え、②その話を知ってることを単純に自慢している、③好きな本だからまた読んでという意味の3つのケースが考えられます。まず、どんな気持ちで言っているのかを声や表情から判断し、②③の場合は「何度読んでもおもしろいね」と共感を表せば、子どもは「だよね！」とワクワクして先生が読み始めるのを口を閉じて待ちます。①の場合は、「知っていることを教えて」「～だっけ？」と質問を投げると、各々が頭の中で内容を思い出そうとして静かになります。そこで「絵本は何度も読むものだね」と念を押せば、子どもの聞く態勢が整います。

子どもの心

あれ～、知っていると思ったけどわからないところがあるな～。もう1回、このお話を聞きたい！

年少　乳児

「これ、おもしろいから　もう1回読むよ」

小さい子はお気に入りの絵本を何度も読むもの。「これがおもしろい」と表情豊かに言うと、自分もつられてその気になり、聞こうとします。

アドバイス

子どもを引き込む読み聞かせのポイント

先生自身が子どもに読みたいおすすめの絵本リストを作り、その中の絵本なら1冊を1週間毎日読んでもおもしろがらせるくらいの“読み聞かせ力”をつけましょう。最初はストーリーを伝える、次はセリフのように、次は間に気をつけるなど演出を凝らしましょう。

✕「そんなこと言う子は、聞かなくてもいいよ！」

「聞かなくてもいい」と言われたら、子どもは反発するだけですし、聞きたかった子まで気持ちが離れてしまいます。絵本の魅力を伝えるのも先生の役目です。

子どもの心

聞かなくてもいいなら、お外に行ってこよう！　先生、同じ本ばっかり読むから、聞いていてもおもしろくないもん！

お友だちが遊んでいるおもちゃで遊びたがるとき

おもちゃをめぐって、子どもがとがった声や大きな声を出し始めたら危険信号です。素早く声をかけないとトラブルに発展します。

年長 年中

子どもの心

りかちゃんのお人形いいな。あれで今すぐ遊びたい！

使い終わるのを待つしかないね。終わったら貸してねって言おう！

POINT

言葉がけと同時に、座るなどして子どもと一緒に待つ態勢を示す。

子どもの心が
つかめる理由

子どもと一緒に座り待っているつらさを分かち合う

子どもどうしに不穏な空気が流れたら、おもちゃの奪い合いが激化する前に言葉がけを。タイミングを逃さないよう素早く子どもたちのあいだに入ります。先生がすぐそばにつき添うことで、ケンカの危機は収まるでしょう。さらに、「待つしかないね」とおもちゃがほしい気持ちや待つつらさに共感を子どもに示すことで、先生が自分と一緒に座って待ってくれるとわかれば、「それならがまんする」と決心できるのです。同じおもちゃがある場合は、「ここにもあったよ！」と大発見のように子どもに伝えると、目を輝かせてそれを受け取ります。

子どもの心

りかちゃんから取っちゃおうかと思ったけど、先生が一緒にいてくれるから、わたしがまんするよ。がんばって順番を待つんだ

年少　乳児

「これもおもしろいよね～」

基本的には無理にあきらめさせようとせず、子どもをひざに抱っこしてあやすように揺らしながら、一緒に待ちます。ただこの年齢は、ときどき別のおもちゃを見せながら誘うと、早々に興味が移ることもあります。

アドバイス

貸してもらったら相手をほめる

相手の子どもがおもちゃを貸してくれたら「やさしいね！」「さすが年長さん！」など、大感激してほめます。貸してもらったほうの子どもにも、「ありがとうって言おうね」と感謝を伝えることを教えましょう。

✕「はい、こっちにしなさい」

借りたがっている子に強制的にあきらめさせたり、反対に年長児から「貸してあげなさい」と奪うようにして下の子に与えるなど、一方的に命令すると反発心が起こります。先生が目を離したすきに、ケンカが勃発してしまう可能性もあるのでやめましょう。

子どもの心

エ～ッ！　だって、りかちゃんの持っているおもちゃがいいんだよ。ずるいよ、りかちゃんばっかりなんて。また取りに行っちゃおう！

お友だちと粘土を取り合いしたとき

粘土遊びに夢中になって、予備の粘土の取り合いに……。ケンカになりそうな空気も、ちょっとした機転で楽しさにかわります。

子どもの心

アッ、粘土があった。これで恐竜が完成するぞ。あの粘土、全部取ってこよう！

年長 年中

粘土って分けられるんだよ。ほら、**ちょうどいい感じの半分コ！**

POINT

粘土をオーバーアクション気味にちぎって子どもに渡す。

子どもの心がつかめる理由

子ども社会の黄金ルール“半分コ”を思い出せば納得するもの

粘土に限らず、分け合えるものは、半分コするのが子どもたちの約束です。厳しく守らせるのではなく、先生が手品のような手つきで「ちょうどいい感じ」と、粘土を半分に分けて、場の雰囲気を和らげます。気持ちが落ちつけば、子どもはちゃんと折り合いをつけられるでしょう。

子どもの心

本当は全部ほしかったんだけど、しょうがない。半分コだもんね。ぼくが欲ばりすぎたよ

年少

「丸めてあげるね」

争いになったら、「じゃあ、丸めてあげるね」と割って入り、「丸めて〜丸めて〜」と歌いながら粘土でお団子をどんどん作ります。子どもにとってきれいな球体は魅力的。「はい」と配ってあげると､量より質に目が移り、ケンカも忘れてよろこびます。お団子をぺったんとつぶしておせんべい、細くしてヘビなど、次々に形をかえて見せると、自分たちも懸命にまねしようと、はりきるでしょう。

こんなときは…

どうしても粘土がたりないときは

大作を作り始めてしまい、ほかの子から分けてもらっても粘土がたりなさそうなときは、ストックの粘土を出してあげます。年長さんくらいになればその場にある量で制作することができますが、年齢が低いと粘土の量を見越すことができません。ストックがなくなってしまったときは「ごめんね。これだけなの。これで作ろうね」と一緒に粘土をこねながら誘いましょう。

✕ 「ひろくんはこれだけね。かずくんのはこれだけ」

先生が一方的に量を決めて、「人の物に手は出さないの！」と決めつけると、とたんに粘土遊びの魅力がなくなってしまいます。粘土のように自由になるものこそ、あげたりもらったり、何人かで一緒に作るなど、分かち合う楽しさを伝えましょう。

子どもの心

もうちょっとで恐竜ができるのに、これじゃあたりないかも。あ〜あ、つまんなくなっちゃった。もういいや、つぶしちゃえ！

みんなで遊ぶおもちゃをひとり占めしているとき

家では自由に使えるおもちゃも、園ではみんなの物。“ひとりよりみんなで”のほうが楽しく過ごせることに気づかせ、園のルールを納得させます。

子どもの心

誰にもさわらせないよ。ぼくが遊ぶんだもん

年長 年中

さえちゃんたちも一緒に遊ぼうって言っているよ！

POINT

「もっと楽しくなる」といたずらっぽく誘うように。

子どもの心がつかめる理由

子どもの群れたい欲求を刺激し社会性を育てよう

家庭のおもちゃはすべて自分の物ですが、園の物は独占できません。子どもは家庭と園とのちがいを何度も経験し、小さいながらに状況判断して行動を使い分けられるようになって、社会性を育てていきます。子どもには本能的に人と群れたい欲求があるので、理屈で説得するよりも、そこを刺激するのが効果的です。まわりの子どもたちと一緒に、「みんなと遊ぶと楽しいよ」という雰囲気をただよわせると、本人もその気になってきます。

子どもの心

う〜ん、ひとりで遊ぶより、さえちゃんたちと一緒に遊んだほうが楽しいかも。やっぱり貸してあげよう！

年少

「貸して」「いいよ」

先生が子どもたちのかわりに「貸して」「いいよ」と言ってしまいます。貸してくれたら「やさしいね」とほめ、「ダメ」と言われたら「終わったら貸してね」と一緒に待ちます。

こんなときは…

それでも独占したがるとき

相手の気持ちを想像させましょう。「○○ちゃん、そのおもちゃで一緒に遊べなくて悲しいなあ。△△くんが貸してもらえなかったらどう思う？」としんみりたずねます。それでも貸さなければ、そのまま遊ばせておきましょう。ずっとひとりで遊ぶのは結局つまらないことだと気づかせるのも大事な体験です。

✕「少し貸してあげなさい！」

これは解決策にならない言葉です。貸したくない、分けたくないと、子どもが強気でいる状態に命令口調で言うと、子どもどうしの仲をかえって引き裂く結果になってしまいます。

子どもの心

せっかく楽しく遊んでたのに。もういいよ！　使いたければ使えばいいじゃないか。あっちに行こうっと

お友だちと遊ばず孤立しているとき

集団から離れてひとりぽつんとしている姿は気になるものです。そんなときはその子の周囲をくるりとひとまわり。軽く声をかけ、何気ないおしゃべりから始めます。

年長 年中

子どもの心

今は誰とも遊びたくない気分なんだよな〜

何をしているのかな〜？

POINT

笑顔で、さらりと軽い調子でたずねる。

あっちでみんなと一緒に遊ばない？

子どもの心がつかめる理由

笑いかけたときの表情を読み気分をもち上げてから遊びに誘う

まず、子どもの全身からただよう雰囲気をチェック。どんよりしていたり、閉じこもっているような場合は、話すに話せないことがあるかもしれません。いきなり話しかけず、子どもの周囲を何気なくまわり、子どもに先生の存在を気づかせてから、軽く声をかけます。このとき重々しい声を出すと子どもの気分も重くなるので、さらっと軽い調子で言うのがポイントです。親密な空気とおしゃべりで様子をさぐりつつ、子どもの気持ちをだんだんもち上げてから、遊びに誘いましょう。

子どもの心：うふふ、先生ったらおもしろいね。おしゃべりしてたら、何だか元気になってきちゃった。みんなと遊ぼうかな

年少

「何して遊ぼうかな〜」

そっと近づき、「何して遊ぼうかな〜」とつぶやきながら、その子を抱っこしてスキンシップをはかります。先生の体に密着することで、安心感や元気を取り戻します。

こんなときは…

ただぼんやりしていたいとき

長時間の集団生活の中では、たとえ子どもでも、ときにはひとりでぼんやりしたいこともあるもの。そんな様子が見て取れたらちょっと笑いかけ、「わかってるよ、先生はここにいるよ」という態度を示しつつ、そっとしておきます。

✕「何もしないの？　遊んでらっしゃい！」

遊びたくない状態であることを無視して追い立てても、子どもは楽しい気持ちにはなれません。何か打ち明けたいことがあっても、先生の胸に飛び込んでいけなくなり、ますます内にこもってしまいます。

子どもの心：今は遊びたくないんだってば。もう、先生はうるさいなあ。ほっといてよ

お友だちを仲間に入れたがらないとき

園では「仲間に入れて」「いいよ」が約束。ぎくしゃくしたら、子どもどうしで解決できるよう、集団力を意識した言葉がけをします。

年長 年中

子どもの心

せっかく仲よく遊んでいたのに、こうくんが入ると壊れちゃう。入れたくないな

こうくんが入れてって言っているよ。聞いてあげて

POINT

第１段階の言葉がけは普通のトーンで。

それなら、**どうすればいいと思う?**

子どもの心がつかめる理由

子どもどうしで問題に向き合い話し合えるように導くことが大切

子どもは仲よくなったりケンカしたりしながら、関係を深めていきます。ふとした拍子に仲間はずれが起きたら、そのまま放置はしません。親身な態度で、自分たちがした行為を振り返れるような言葉をかけ、子どもどうしで話し合うように導きます。拒否した子どもだけに詰め寄らず、周囲で公平な立場にいる子どもたちにも投げかけながら、結論が出るまで見守りましょう。

また、「○○ちゃんはいじわる」という言葉が出た場合、子どもたちがそう感じるような叱り方を、先生が子どもたちに見せてきてしまったことを、先生自身が気づかなくてはなりません。子どもは大人の態度や言葉を敏感に受け取り、拡大して表現するものだからです。子どもを叱るときは、周りの子に与える影響も配慮しましょう。

年少

「先生も入れて」

仲間はずれにされた子と一緒に加わることで、拒否した子どもたちも「先生が一緒ならいいや」と気持ちが切りかわります。先生は遊びの場をなごやかに盛り上げ、もめたことが尾を引かないようにしましょう。楽しく遊べれば、仲間はずれは繰り返されません。

子どもの心

わたしが「いじわるだから仲間に入れない」ってみんなに言われたらすごく悲しい……。こうくんに悪いことしちゃった。謝ろう！

×「入れてあげなさいよ。かわいそうでしょ」

一見、仲間はずれにされた子をかばうように聞こえることから、「○○ちゃんのせいで先生に怒られた」とさらに反発が起こる可能性も。子どもどうしの溝が深まる言葉は避けましょう。また、仲間はずれにされた子に対しては「かわいそうな子」とレッテルを貼ってしまう、心の傷にさらに塩をぬり込むような言葉です。

子どもの心

先生に怒られたのはこうくんのせいだ！　こうくんなんかきらい。もう遊びたくない！

遊んだおもちゃなどを片づけないとき

いったん面倒だと思うと避けたくなる片づけ。「片づけまでがひと区切り」と日ごろから体にしみ込ませ、いつも同じ場所にある便利さを思い起こさせます。

子どもの心

ええ〜、片づけるの？めんどうくさいよ。そのまま行っちゃえ！

はい、**区切りをつけてね。いつもの場所に戻してきたら、**手を洗ってイスに座るよ

年長 年中

ここに戻しておけば、**またすぐに遊べるね！**

子どもの心がつかめる理由

片づけしやすい環境を用意し「区切り」をつけやすいように導く

「区切りをつける」という言葉で遊びがすっきり終わるイメージを与え、次の行動を具体的に示すと、子どもは気持ちが切りかわり、行動に移せます。また、決まった置き場所にきちんとあれば、次に必要なときに迷わないことを子どもは理解しています。幼児期は秩序を求める時期。「いつもの」の言葉があることで安心するので、この特性を意識した言葉がけで片づけを習慣づけましょう。そのためにも、物の置き場所を頻繁にかえない、物はきちんと並べておくなどの環境づくりも大切です。

子どもの心

ここが色えんぴつの場所だよ。ちゃ〜んと入れておけば、またすぐ遊べるんだ。早く手を洗いに行こう。おやつおやつ！

年少 乳児

「お片づけ」の歌

長年歌い継がれてきた「お片づけの歌」は、みんな大好き！　年少さんは先生が歌い始めると、体が自然と動き、歌いながら一緒に片づけをします。乳児には、先生が歌いながら片づけるところを見せましょう。

こんなときは…

パズルをすぐに片づけず、1ピースをなくしてしまったとき

片づけの大切さを教える絶好の機会。「1個たりないとパズルができないね。大変だ、捜索開始！」と徹底的に探しましょう。見つかるまでそのパズルはしまっておきます。

✕「こんなに散らかして。早く片づけなさい」

散らかっている物を邪魔扱いすると、「大切だから片づけよう」という本来の目的が伝わらず、とりあえず、どこかに突っ込むクセがついてしまいます。片づけにプラスイメージが生まれません。

子どもの心

ぼくだけが遊んだんじゃないのに、やりたくないよ。先生が後ろを向いたら、逃げちゃおう

保護者への言葉がけ

SCENE 2

登園時間がいつも遅いとき

> 子どもたちの活動が始まっていますよね。時間内に活動が終わらなくなるので9時までには登園してくださいね。

注意ではなくお願いする気持ちで"子どものために"と話す

　どんなときでも、保護者とはまずあいさつが基本です。たとえ遅れてやってきて困ったなと思っても、いやな思いを表情に出して、相手に不快な印象を与えてはいけません。できるだけ穏やかな雰囲気を心がけます。

　「おはようございます」と朝のあいさつをしたあと、子どもを迎え入れたら、子どもが聞いていない状況を確認して、保護者には遅刻をしないようにお願いしましょう。ストレートに、登園時間が遅いと指摘して注意するよりも、朝の時間に間に合わないと出遅れてしまい、子どもの活動に支障をきたしてしまうといった理由をきちんと伝えること。また「○時までにきてほしい」というように、具体的な時間を示すようにします。

　早くくることができた日は、子どもに「今日は早くこられたね。えらい、えらい」などと認めてから大げさにほめて、保護者には帰るときなどに「今日は朝からみんなと一緒に、元気に活動できました」と、子どもが早くきたことで活動がうまくできた様子を伝えるといいでしょう。

✕ 「今日も遅刻ですよ。もっと早くきてください」

　保護者に対して、責めるような口調では話さないこと。保護者との関係を良好に保つためにも、反感や負い目を感じさせてしまわないようにします。またどこで子どもが見ているかわかりません。ママが先生に怒られている、と思わせてはかわいそうです。

SCENE 3

外遊び

子どものケガにつながる可能性が高くなるのが外遊び。先生は危機意識を高くもって、子どもたちにつき添いましょう。危ないと判断したら、毅然とした態度で声をかけます。

靴をきちんと履いていないとき

靴のかかとを踏んで履いている子、左右反対に履いている子。本人はまちがっていることに気づいていないケースが多いようです。まずは指摘してあげましょう。

子どもの心

あぁ、急がなきゃ。よし靴履けたぞ！

転ぶと危ないから、かかとを靴に入れて履こうね。落ちついて、待っているから

年長 年中

POINT

ゆっくりと、落ちついた口調で指摘する。

子どもの心がつかめる理由

まちがいに気づかせて落ちついて履き直させる

　靴をきちんと履いていない子は、自分がまちがった履き方をしていると気づいていないことが多いのです。そこで先生は、気づいたらすぐに指摘し、その場で正しい履き方を教えて直させます。言葉だけでなく、きちんと履き直したかを確認してから、子どもを送り出します。靴をきちんと履いていないと、転んだり、つまずいたりとケガにつながることも話し、正しく靴を履くことの大切さを伝えましょう。あわてて履き直そうとしているときは、「落ちついて、待っているよ」と言ってあげましょう。

子どもの心

あっ、いけない。かかとを踏んで靴を履いていると、危ないんだった。落ちついてきちんと履き直そう！

年少

「右足は右に、左足は左に入れて履こうね」

　左右をまちがえやすい年少さんには、常に言葉がけをして正しい靴の履き方を身につけさせていきます。子どもが履くところを見守り、難しそうなときは手伝ってあげましょう。

こんなときは…

左右をよくまちがえるとき

　左右の履きまちがえには、「靴には右と左があるんだよ」と教えることで子どもは「あぁ、本当だ」と気づきます。靴の左右がわかりにくい場合は、左と右の靴を離して置いておくとまちがえにくくなるようです。

✕「靴をちゃんと履きなさい」

　子どもにとっては、足が靴に入っていれば“ちゃんと”履いているつもりなのかもしれません。子どもに出す指示は具体的に言わなければ、なぜ怒られているのかが理解できず、身につきません。

子どもの心

エッ、ぼくちゃんと靴履いているんだけどなぁ……。どこがいけないんだろう？

砂場で力いっぱい砂を掘って お友だちに砂がかかっているとき

子どもは夢中になるとまわりが見えなくなってしまうことも。お友だちに迷惑をかけていても気づかないときは、先生が言葉がけをして、きちんと制止します。

年長 年中

子どもの心

ここを掘ってトンネル作るぞ！

砂を振り上げると、**まわりの人の目に入っちゃうよ**

POINT

シャベルを押さえながら、真剣な表情で。

まわりをよく見てね

子どもの心がつかめる理由

自分の痛みとして想像できればやってはいけないとすぐわかる

危ない行為を注意するときは、できるだけ具体的な言葉で伝えます。子ども自身も何度かは砂が目に入ってゴロゴロと痛い思いをしたことがあるはず。「目に入っちゃうよ」と言えば、痛くていやなことと想像ができるので、砂が飛び散るようなことは、やってはいけないんだと納得します。特に外遊びは、子どもどうしが接触してケガにつながる状況が多くあります。子ども自身が自分の身を守るために、また他人に迷惑をかけないために「まわりをよく見てね」という言葉がけもとても有効です。

目に砂が入ると、ゴロゴロしてとても痛いんだよね。みんな、ごめんね。気をつけなくっちゃ！

年少 乳児

お手本を見せて「こうやってね」

どのように遊べば大丈夫なのか、言葉だけでは理解できないので、先生がお手本を見せて、「こうやって掘った砂は横において、砂が飛ばないようにするんだよ」と教えてあげましょう。

アドバイス

遊びがダメではなく遊び方を注意

遊びに集中することは悪いことではありません。遊びを禁止するのではなく、危険な状態に気づかせて、加減するように教えるのがここでのねらい。叱るのではなく注意をする気持ちで接しましょう。

×「砂を飛ばさないで！」

これでは理由がわからず、砂を掘ることがいけないのかと、子どもは思ってしまいます。「砂が目に入るから」と言えば、砂が飛ばないようにすればいいのだとわかり、まわりを注意して遊ぶようになります。

砂を飛ばしちゃいけないって、じゃあお砂場で遊んじゃいけないってこと？

SCENE 3 外遊び

花壇の花を摘んでしまったとき

きれいな花は、子どもの目にはとても魅力的に見えて、ついつい手が出てしまうことも。花にも命があることに気づけば、次からの行動はかわってきます。

年長 年中

子どもの心

わぁ、きれいなお花。わたしのお花にしよう！

このお花、きれいに咲いていたね。つい摘みたくなっちゃうね

POINT

やさしく、わかっているよ、という口調で伝える。

でも取ったらかわいそうだよ。そのお花、本当はそこに咲いていたかったんだから

せっかくだから、**お部屋に飾ろう**

POINT

部屋に飾ったら、花が生きていることも伝える。

子どもの心がつかめる理由

子どもの気持ちを受けとめつつ花の命に気づかせる

花がきれいで感動した子どもの気持ちを認めつつ、でも花は生きていること、摘んでそのままにしておくとしおれて枯れてしまうこと、花壇にあればもっと長く咲いていられたことを教えます。叱るのではなく、花の命に気づき、思いやる気持ちを育ませる言葉がけをしてあげることが大切です。そして、子どもが摘んでしまった花は、花瓶に入れて室内に飾りましょう。その花を大切にすることで、いけないことをしてしまったと後悔している子どもの心も、少しだけ晴れるはずです。

子どもの心

お花は取ると、命が短くなっちゃうんだ。かわいそうなことしちゃったな。今度は花壇のお花を見て、うれしい気持ちになるね！

年少 乳児

「お花も生きているんだよ」

小さい子にとって、見ていてもちっとも動かない花は、生き物だという感覚があまりありません。花はつぼみから開いて花になる生き物であること、だから大切にしようねと、やさしく伝えていきましょう。

こんな方法も

人が花を育てていると教える

花壇で花がきれいに咲いているのは、誰かが手入れをしているから。これはお散歩の途中、よそのお家の塀ぎわなどに咲いている花も同じ。人が育てている花は、勝手に取ってはいけないと教えます。

✕「お花は取ると死んじゃうんだよ。お花さん、痛いって」

子どもが花を摘んでも、ほとんどの場合は悪意のあるものではありません。命のあるものを奪ったという叱り方をすると、子どもは罪悪感をもちすぎてしまうこともあるので要注意。ことさら花を擬人化して、大げさに言う必要もないでしょう。

子どもの心

エ〜ッ！　お花さん死んじゃったの。どうしよう……いっぱい咲いていて、きれいだったからつい取っちゃった。どうしよう……

同じプランターにだけ
たくさん水をあげているとき

花に水をあげ出したら、どうしても水場に近いプランターにたくさんあげがち。さぁ大変！　となる前に、ちょっとした言葉がけで交通整理をします。

- 子どもの心 -
水をたくさんあげれば、お花さんはよろこぶね

年長 年中

1　1回目

2　わぁ、**よく気がついたね。ありがとう！** 2回目

3　**次は水道からいちばん遠いところにあるお花にあげてね**　ハーイ

4　ココもあげなきゃ

POINT
水場から遠いところに行かせ、ほかの花にも気づかせる。

子どもの心がつかめる理由

水をあげる行為を認めて動きを指示してあげる

子どもは水をあげること自体に夢中になってしまい、花やプランターがどのような状態になっているかまでは気が回らないことも多いのです。花に水をあげることはいいことなので、まずその行為を認めてあげましょう。そのうえで水やりがひとつの場所に集中しているときは、ほかの場所もあると指し示せば、子どもたちは「こっちにもあげなくちゃ」と気づき、素直に移動します。多少水をかけすぎても、先生が水を切るなど、あとでフォローをすればいいこと。やさしく見守ってあげましょう。

そっか、あっちのお花も水をほしがっていたんだ。今度はあっちにあげよう！（子どもの心）

年少

「こっちのお花も、お水をほしがっているよ」

「お水をもらってよろこんでいるね」など、水をあげることを認めてあげてから、まだ水をあげていない花を指し示すか、一緒に連れて行ってあげるといいでしょう。

こんな方法も

土の色から自分で考えさせる

年長さんくらいになったら、土の色で判断することもできます。「土の色が濃くなっている？　薄いところはないかな？　水たまりができるほど水をやらなくてもいいんだよ」と教えてあげるといいでしょう。

✕「そのお花はもう水をあげちゃダメ！」

基本的に、悪いことをしているわけではないので、子どもの行為は否定しないこと。怒られると、水をあげること自体をやめてしまいます。ちょっと困っても、先生が動けばどうにかなることなら、認めてあげるだけで十分です。

（子どもの心）せっかくお花に水をあげていたのに。怒られちゃってつまんないの。もうや～めた

転倒して泣きべそをかいたとき

転んで血が出ていたり、すご～く痛かったり……。がまんできずに泣いている子には、昔も今もかわらずやっぱりこの言葉が効くようです。

子どもの心

とにかく痛いの！　がまんできないの！

年長　年中

痛かったねぇ～。**チチンプイプイ、チチンプイプイ、痛いの痛いの飛んでいけ～**

POINT

ちょっと大げさに、真剣な声で唱える。

子どもの心がつかめる理由

「チチンプイプイ……」は子どもを笑顔にする魔法の言葉

子どもが転んだときは、まず治療が必要かどうかの判断が必要です。たいしたケガではなくても、子どもの痛い気持ちはかわりません。先生は「痛かったねぇ」と、まず痛みを共感してあげることが大切です。さらに子どもたちにとっての魔法の言葉「チチンプイプイ……」を唱えます。最初は泣いていた子どもも、この言葉を聞くと少しずつ楽しくなっていくから不思議。それでも泣きやまないときは「先生に痛いの飛んできちゃったぁ」と痛みを請け負ってあげると、笑顔が戻ります。

子どもの心

おひざが痛かったけど、先生がチチンプイプイしてくれたから、痛くなくなってきた。クスッ、先生、おもしろいな～

年少 乳児

泣きやむまでそばにいてあげる

痛みだけでなく、転んだことに驚いて泣いていることも。「どこが痛いの？」とたずねても、わからないけれど、とにかく泣くという子も多いのです。気持ちが落ちつくまで、そばに一緒にいてあげましょう。

こんな方法も

タッチケアで痛みを緩和させる

ぶつけた場所や傷のまわりなどをやさしくなでてあげます。さわられることで子どもの気持ちが安定してくるので、タッチケアはとても効果的です。また患部を冷やすのも痛みの緩和になります。

✕ 「痛くない！　がんばれ」「がまんしなさい」

痛いものは痛い。だから泣いているのに、その子どもの気持ちに共感せずに「がんばれ」「がまんしなさい」と言われても、子どもには無理なことです。なんだかよけいに悲しくなり、さらに涙が出てきてしまうでしょう。

子どもの心

先生、痛くないって言うけど、やっぱり痛いよ。わ～ん、もっと泣きたくなっちゃった

固定遊具にひとりで登ってしまったとき

園庭には子どもたちの大好きな遊具がいっぱい。でも危ない場面も多くなるので、先生は危険を察知する感度を上げておく必要があります。

子どもの心
わぁ、すべり台があいてる！　すべり台で遊ぼう

やりたいの？　それなら先生にひと言、声をかけてからやってね

年長　年中

1.
2.
3. 遊んでもいい？　はいどうぞ
4. ちゃんと見ているよー

POINT
子どもが遊び始めたら危険性を意識しながらつき添う。

子どもの心がつかめる理由

固定遊具で遊ぶときのルールに子どもが気づいて守る言葉がけを

固定遊具には高さと硬さの危険が伴うため、先生が常に状況を把握しておかなければなりません。そこで子どもたちと「固定遊具で遊ぶときは、先生にひと言、声をかける」という約束を決めておくといいでしょう。固定遊具は先生の管理下で遊ぶ、という意識づけがあれば、黙って遊ぼうとした子どもも「やりたいの？」という言葉がけだけでハッと気づきます。また先生はただ子どもを見ているのではなく、危ない登り方はしていないか、もしこの子が落ちてきたら……と危険性を意識し、注意のレベルを高くしてつき添いましょう。

子どもの心

すべり台で遊ぶときは、先生にひと声かけてからだったよね。忘れずに言わなきゃ！

年少 乳児

「先生に言ってね。先生が見てるから」

遊具で遊ぶときは先生に言ってから、というルールを繰り返し教えます。忘れてしまったときは、子どもたちの動きを察知して、遊具に近づいたらすぐにそばにつき添います。

アドバイス

遊具は勝手に使えない環境に

先生の目が届かないときに、子どもたちが勝手に遊具で遊ばないよう、すべり台の階段の下にタイヤを置くなどのいろいろな工夫があります。言葉で説明するだけでなく、園側の安全管理も必要です。

✕「勝手に登っちゃダメでしょ」

これでは子どもには「遊んじゃダメ」と言われているように聞こえてしまいます。勝手に登ってはダメだけど、どうしたら登ってもいいのか。「先生にひと言、声かけてね」というような、どうすればいいかを教えてあげなければ、とても不親切です。

子どもの心

え～、だってぼくすべり台で遊びたいよ～。どうしたら遊んでいいのかな……わからないよ

いつまでも部屋に入らないとき

集団生活の中では、ひとりの身勝手な行動はみんなに影響を及ぼします。先生には、ダメなものはダメと毅然とした態度で言うべきシーンもあります。

年長 年中

子どもの心

まだ外で遊んでいたいもん。知～らないっと

みんなお部屋に入っちゃったよ。**さあ行くよ！**

POINT

やさしい気持ちで手をつなぎながら。

もうお昼ごはんの時間だよ。**みんながたかしくんを待っているんだからこれ以上は無理だよ！**

POINT

これ以上の譲歩はしないという、厳しい態度で。

子どもの心がつかめる理由

子どもが頑固に言いはるときは集団生活のルールを教える

　子どもが先生の指示に従わないのは、区切りがつけられないほど遊びに集中しているか、先生を試しているかのどちらかです。遊びに集中しているなら、先生が少し子どもにつきあい、切りがつけば素直に部屋に戻りますから苦労はあまりありません。しかし意固地になってどうしても戻らないと言い始めたら、手をつないで「一緒に帰ろうね」と促します。それでもいやだを繰り返すなら、「集団生活はあなたの思いだけで自由にはできない」ということを諭し、無理にでも部屋に連れ戻します。

子どもの心

そうだよな、みんなお部屋で待っているんだもんね。そろそろ先生と帰ろう

年少　乳児

「抱っこがいいかな、おんぶがいいかな」

　ふたつの案を提示すると、子どもはどちらかを選ぶもの。ぐずる子どもにこうたずねて「抱っこ」と答えれば、「じゃあ抱っこして帰ろうね」で収拾がつきます。

アドバイス

保育の基本は言行一致

　「これ以上はダメだよ」「もう無理だよ」と言いつつ、子どもの行動に従っては、先生はダメと言っても言うことを聞いてくれると思ってしまいます。発言と行動を一致させることは、保育の基本です。

✕「早く入りなさい！」

　子どもがなぜ部屋に入りたくないかの理由も聞かず、先生への反抗心があっても受けとめず、行動だけを命令してはいけません。子どもの気持ちのモヤモヤは解消されませんから、無理やり部屋に戻しても、そこでトラブルになる可能性もあります。

子どもの心

イヤだ！　ずっとお外で遊んでいたいんだもん。お部屋に入りたくないもんね

保護者への言葉がけ

SCENE 3

子どもが転んでケガをしてしまったとき

申し訳ありません、
昼間、園庭で……
えっ
本当に申し訳ありませんでした。
おうちでの様子、お知らせくださいね

子どものケガは園の責任という姿勢で謝罪の気持ちを込めて説明する

保護者が迎えにきたら、先生はすぐに「申し訳ありません」と、子どもに痛い思いをさせてしまったこと、保護者に心配させてしまったことを謝ります。そして子どものケガを見せながら、「じつは園庭で……」などとそのときの状況を説明し、どのような治療をしたかと、その後の様子も伝えます。ケガをした状況を先生が直接見ていない場合は、ほかの先生や子どもたちにも話を聞いて、あいまいではなく、きちんと報告できるようにしておきます。また、保護者がほかの先生に聞いたら話がちがっていた、というようなことがないように、園で共通の認識をもっておくことも大切です。

保護者には、園内でのケガはすべて園に責任があるという姿勢で、気持ちを込めて謝ることを心がけます。子どもの痛みや保護者の心配に寄り添いながら伝えていけば、保護者の心証を悪くすることはないでしょう。

最後に「本当に申し訳ありませんでした。おうちでの様子、お知らせくださいね。○○くん、バイバイ」と言って送り出しましょう。

✕「～していた○○くんがいけなかったんだよね」

たとえ子ども本人の不注意であっても、子どものせいにしたような言い方はいけません。保護者には、先生が自己保身をしているようにしか聞こえないからです。「このくらい大丈夫だよね」と子どものケガを勝手に判断してしまうのもNGです。

SCENE 4

散歩

園の外には、子どもたちの興味を引く物がいっぱい。しかし、なかには危険な物もあります。安全確認を徹底しつつ、子どもたちの楽しい時間を守る言葉がけを紹介します。

部屋に忘れた帽子を
取りに行かせるとき

子どもがひとりだけで別行動をするのは、とても心細いもの。「早く取ってこなくちゃ」と焦ってしまうと、事故にもつながるので気をつけましょう。

- 子どもの心 -

どうしよう。みんな行っちゃったら大変だ。急いで取りに行かなくちゃ！

年長　年中

1. さとしくん、帽子はどうしたの？　ああっ
2. 急げ急げ！
3. さとしくん！　は〜い

急がなくていいよ。ここで待っているから取ってきて

POINT

ゆっくり伝えて、離れても子どもが視野に入るところで見守る。

子どもの心が
つかめる理由

子どもの心は不安でいっぱい
気持ちが落ちつく言葉がけを

帽子を忘れてしまったことの困惑と、ひとりで取りに行かなければならない不安感、自分が取りに行っているあいだにみんなが行ってしまうのではないかという焦りで、子どもの心はいっぱいになってしまっている状況です。一刻も早く取りに行こうとあわててしまい、転んだり、ぶつけたりといったケガにつながってしまうこともよくあります。「急がなくていいよ」「あわてないでね」「ちゃんと待っているよ」と、気持ちを落ちつかせる言葉、安心させてあげる言葉を忘れずにかけましょう。

子どもの心

先生、ちゃんと待っていてくれるって言ったから安心だ。あわてなくてもいいんだよね

年少

先生が同行する

まだひとりで物を取りに行かせるのは無理な年ごろです。部屋に取りに行ったはいいけれど、何をするか忘れてしまった、ということも考えられます。先生が一緒について行動するようにしましょう。

アドバイス

目の届く範囲内で活動させる

子どもは常に先生の目の届く範囲内にいさせることが基本です。取りに行く子どもにはサブの先生について行ってもらうなど、子どもをひとりで行動させないように、できるだけ工夫してください。

✕「早く取っていらっしゃい！」

あまり意識をしないで、ついつい、言ってしまいがちなセリフです。でも、すでに子どもの気持ちは十分急いでいるのに、それに拍車をかけてしまっては事故につながる場合もあります。子どもの心にはいっそうのプレッシャーですよ。

子どもの心

わかった。走って取ってくるから、ちゃんとみんな待っていてね。急がなきゃ！

みんなとちがう方向へ歩いて行こうとするとき

ついつい周囲に気を取られて、みんなが進む方向についてこられないうっかりさん。曲がり角ではひと声かけて子どもの気を引き締めましょう。

年長 年中

子どもの心

あ〜、あの犬、あくびしている。大きい口だな〜

えりちゃん、よく前を見て、前の人についてきてね

POINT

子どもに近づいてはっきり注意。

前を見ているね。**いいよ〜！**

子どもの心がつかめる理由

うっかりミスを責めずに前を見ることを繰り返し指導

園外の道を歩くとき、いちばん大切なことは前を見て歩くこと。よそ見やおしゃべりに気を取られて前を見ていないと、曲がり角でちがう方向へ歩いて行ったりします。最初に子どもの名前を呼び、自分のことだと気づかせることが大事。ぼんやりしていると、「そっちはちがう」と言っても、自分に言われているとは気づきません。「前を見て」といつもと同じ言葉で、いつもと同じこと＝前を向いて歩くことを、習慣化させます。前を向いたら、そのまま持続して歩けるようにほめてあげましょう。

子どもの心

みんな道を曲がっていたのに、わたしだけまっすぐ行こうとして恥ずかしかった。もうよそ見なんかしないぞ。前を向いて歩こう！

年少 乳児

「前を見て歩こうね」

気が散りやすいので、歩きながら「前を見て歩こうね」と頻繁に声がけを。よそ見をしてちがう方向へ歩いて行こうとした子どもには、目線の方向に顔を傾けて「道を歩くときは前を見て歩く」と諭します。

こんな方法も

ルートを変更して公園へ

いつもの公園に行くなら「今日はちがう行き方をするよ」と伝えると、子どもは進路を見定めようと集中して前を向きます。マンネリになった通り道には、ときどき新しい仕掛けを与えて緊張感をもたせましょう。

✕「どこを見ているの！　危ないでしょ！」

先生が急に大声を出すと、子どもたちはびっくりしてしまいます。急に立ち止まった子や止まれなかった子、誰が怒られたか見渡す子などで、子どもどうしでごちゃごちゃとぶつかり、転んでしまう子もいるので、大きな声を出すのはかえって危険です。

子どもの心

ワッ！　びっくりして止まったら隣のはなちゃんの足を踏んづけちゃった。あー、ごめんね。わざとじゃないんだよ～

道路の白線から出て歩いているとき

歩道のない道路では白線内を歩くのが絶対の約束。危険な場合があることもイメージさせて、ルールを守るようにしっかり指導します。

年長 年中

白い線から出ないようにね

あれがね～

たかしくん、白い線から出ているよ！

チェッ

子どもの心

ちょっとはみ出しただけなのに。今、車がきてないから大丈夫だよ！

ハーイ

車はスピードがあるから、いつくるかわからないんだよ。いつも内側を歩こうね

POINT

真剣な表情で話す。

子どもの心がつかめる理由

車の危険性を思い出させて いつも安全に注意する必要を伝える

散歩は「白い線から出ないで道の端っこを歩く」と具体的な指示を出してから歩き始めることが大切。それでも出た場合は、まず子どもの名前を呼び、白線から出ている事実を伝えます。しかし車が通らず、身の危険を感じていないときには、子どもは同感できません。「車はスピードがある」と車のことをイメージさせれば、「今いなくても急にきたら危ない」と素直に聞き入れることができます。安全にかかわる約束は、「絶対に守らなくてはいけない」と思わせるように真剣な態度で接します。

子どもの心

車がいなかったから白い線なんか関係ないと思ったけど、車は急にくるもんね。いつも内側を歩かないといけないんだ

年少 乳児

「白い線から出たら危ないよ」

「端っこを歩いてね」と、ひとりずつ目を合わせて約束をしてから出発します。道中もときどき言葉がけを繰り返し、注意を促します。道路を歩くたびに同じ言い回しで注意を促しましょう。

こんなときは…

年少さんと年長さんで歩くとき

「どっち側を歩いたら年少さんを守れる？」と聞けば、年長さんは年少さんを道のいちばん端っこにして、自分も白線内に入ってガードしようとするでしょう。子どもは自分で考えたことはきちんと守りますよ。

✕「どこを歩いているの！　戻りなさい！」

誰に向かって言っているのかもわからず、指示があいまいなため子どもは混乱するだけです。また大声を出すと、子どもたちはみんなびっくりして動きが止まってしまいます。急に止まると、ぶつかったり転んだりしてケガにつながります。

子どもの心

エッ？　ぼくのこと？　そこまで大きな声を出さなくてもいいじゃん。別に危なくなんてないのにさ！

列から遅れて あいだがあいてしまったとき

道を歩く列から遅れてしまい、前の子と距離があいてしまったことに気づくと、子どもは急に走り出すことも。やんわりした言葉がけが事故を防ぎます。

子どもの心

あっ、知らないうちにあいだがあいちゃった。いけない、急がなくちゃ！

年長 年中

POINT

明るい表情とやわらかい語調で呼びかける。

ゆっくり前に詰めてね～。走らないでいいよ～

子どもの心がつかめる理由

あわてて走り出さないように やわらかい口調で招く

「急発進・急停止が事故のもと」なのは、大人も子どもも同じです。いくら列のあいだがあいてしまっていても、子どもが急に走り出さないような言葉がけをしなければなりません。「ゆっくり前に詰めてね～」「走らないでいいよ～」と語尾をやわらかく伸ばし、「先生はちゃんと待っていてくれる」と安心させて、しっかりと前を見て歩いてくるように促します。あまりにも列のあいだが広すぎたら、先頭の先生は一旦止まって、子どもたちが追いつくのを待つほうが安全です。

子どもの心

先生がニコニコしていたから、走らなくても大丈夫だってわかったよ。すぐ追いつけたもんね。よかった～

年少

「○○ちゃんたちがくるまで待っててあげてね」

遅れている子どもに「ゆっくり前に詰めて」と声をかけると同時に、先頭の子どもにも声をかけて止めます。何のために止まったかを理解でき、落ちついて待つことができます。

アドバイス

遅れがちな子どもは先頭に

月齢の低い子どもや体の小さな子どもたちは、列の前のほうに並ばせて、先頭の先生はその子たちが歩くペースに合わせます。体力のある子どもたちは後方でも遅れないので、列が乱れにくくなります。

×

「あいだがあいちゃっているよ。早く詰めて！」

先生がきつく言うと、子どもたちはあいている空間に急に目が向き、焦って走り出します。ところが、ふたりひと組で手をつないでいることが多いので、ひっぱられたりぶつかったり、勢い余って前の子どもと衝突することも。急がせるのは厳禁です。

子どもの心

遅れているから先生が怒っている。急いで走らなきゃ！　ワッ！
走り出したら、りなちゃん転んじゃった。どうしよう……

SCENE 4　散歩

道端や公園などに落ちている物を拾ったとき

子どもは落ちている物を拾うのが大好き。小石やネジなどをポケットに詰めたがります。でも園のみんなでお散歩するときには、制止することが原則です。

年長　年中

子どもの心

これ何だろう？　かわいいビンだな

地面に落ちている物は、**何が入っているかわからないよね？**

何か危ない物だといけないよね。だから、**落ちている物は拾ってはいけないよ**

POINT

子どもが納得したら、その場で拾った物を受け取る。

子どもの心がつかめる理由

拾ったことを責めるのではなく拾ってはいけない理由を教える

子どもは目線が低いため、地面に落ちている物に関心が向きがちですが、みんなで拾うどんぐりなどを除いて、落ちている物は勝手に拾わせないのが原則です。容器なら「何が入っているかわからないね」、ガラス片などの危険物は「手を切るから危ないね」など、拾ってはいけない理由を伝え、手に持っている物を先生に渡すように言います。「落ちている物」「危ない」「拾わない」の3つの言葉を使って、「拾っちゃいけないことがわかった」と肯定的な気持ちが残る言葉がけをします。

子どもの心

そうか〜。落ちている物は危ないかもしれないから、拾っちゃいけないんだね。わたし先生に渡しちゃったから、もう安心だ

年少 乳児

「落ちている物を拾っちゃ、危ないんだったよね」

幼い子どもには外に出るたびに「拾わない」と約束させます。「落ちている物」と「危ない」をセットで記憶させ、年齢が上がるにつれてだんだん「なぜ危ないか」を説明します。

こんなときは…

口に入れようとしたとき

子どもはビー玉やスーパーボールなどを口に入れたがります。砂場に落ちている物を口に運ぼうとしたら、「ストップ！」と最初に止めて、「それはお口に入れてはダメ」と受け取ります。

✕ 「何をやっているの！　汚いでしょ！」

子どもはまるで自分を「汚い」と言われたかのように感じ、腹を立ててしまいます。反発心だけ残り、なぜ拾ってはいけないかを理解していないので、また拾うことを繰り返します。先生の見えないところでこっそり拾い、確かめようとする場合も。

子どもの心

先生、急に怒ってすごくイヤな感じ。ふん、ちょっと何かなと思っただけだもん。いいよ、またあとで調べてみるから！

公園から外に出ようとしたとき

公園から黙ってひとりで出てしまうのは、子どもにとって大変に危険なこと。ルールで抑えつけるのではなく、自分から守るようにする言葉がけが必要です。

年長 年中

子どもの心

あのポスター何だろう。気になるな～。ちょっと行ってみよう！

ストップ！

POINT

鋭く、大きな声で制止する。

公園から出てもいいんだっけ？

ダメだよね。勝手に出ちゃうのはとっても危ないんだよね。公園の中で遊んでね

POINT

答えを待ってから子どもの目をしっかり見て話す。

子どもの心がつかめる理由

自分で自分を止められるように納得できる話し合いの雰囲気を

散歩で公園にきたとき、「公園の外に勝手に出ない」のはどんな年齢でも約束していることです。しかし、ついうっかり外に出ようとしてしまったときに、今後へどうつなげていくかは先生のかける言葉にかかっています。子どもを制止したあとは、声を荒げず、「とっても危ない」「ダメだよね」とひと言ひと言をゆっくり話すと、先生の真剣さが子どもに伝わり、「やってはいけなかった」と心から反省します。自分で納得できて初めて、「うっかり」を自分で止められるようになるのです。

子どもの心

公園からは絶対出ちゃいけなかったんだ。ぼく、いけなかったな。もう絶対やらないって決めた！

年少 乳児

「ちょっと待って！　出ちゃダメだよね。危ないよね」

すぐに駆け寄り、目を見て「危ないよね」と表情たっぷりに言い聞かせると、子どもの胸に先生の言葉が届きます。幼いときから例外を作らずに諭すと、守ろうとします。

こんなときは…

広大な敷地の公園で遊ぶとき

河川敷などの広い公園では、子どもには敷地の広さが判断できません。そんなときは「先生が見えるところで遊んでね」と言うと、子どもはチラチラと先生を確認しながら、近い範囲内で遊びます。

✕「出ちゃダメでしょ！」

頭ごなしに叱るだけでは、子どもは反発するだけです。「なぜいけないのか」をきちんと理解しないと、禁止されればされるほど、「いつかやってやろう」と機会をうかがうようになります。

子どもの心

見つかっちゃった。今は怒られたからやめるけど、あのポスター気になるから、またあとでこっそり見に行こうっと

公園の植え込みなどで危ないことをしたとき

子どもが近寄りたがる植え込みは、細い枝や鋭い剪定跡に要注意。しっかりチェックして子どもに危険があることを伝えます。

年長　年中

1　注意事項　ハーイ

2　ザザザザザーッ

子どもの心
どうだ！　どこにいるかわからないだろう。ぼくは忍者だい！

3　ガサッ

今、植え込みの近くを走った？　**枝の先がとがっているよ**

すぐ近くを走ると、**この枝に引っかかってケガをしたりして危ないよ。この植え込みの近くで遊ばないでね**

4

POINT
鋭い切り跡を指で示し、子どもに確認させながら話す。

子どもの心がつかめる理由

遊び自体を否定せずに危険な行為だけを指摘する

公園で子どもたちを遊ばせる前に、先生は毎回周囲を点検し、その日の危険な箇所を避けるよう指示を出します。特にきれいな植え込みは子どもが好むものですが、剪定跡は切り口が危険。子どもが近くで走ったりもぐったりしていたら、遊び自体を否定するのではなく、「とがった枝の近くで遊ばない」というように、そのつどやめる行為とその理由をセットで伝えていきます。そうすれば、「こっちの植え込みの近くは危ないけれど、あっちの植え込みの近くなら大丈夫」などと、子どもは危険回避の指示をきちんと受け取ることができるようになります。

この木の枝が危ないって忘れてた。今見たら本当にとんがってた。ケガしたら大変だったな。忍者ごっこは向こうでやろう！

年少

「それにさわると、とがっていて危ないよ」

とがった枝にさわろうとしていたら、すぐ子どものそばに寄り、手をつかんで制止させます。それから枝の先に注目させて、「とがっていると刺さって痛いね。ここは危ないね」と子どもが納得できるように落ちついて話します。

✕ 「それやっちゃダメって言ったでしょ！」

子どもを漠然と叱っては、子どもは遊びそのものがいけないのかと誤解してしまいます。「それ」ではなく「何を」、「ダメ」ではなく「危険」であること、それぞれ明確に伝えないと、先生の意図が伝わりません。

エ～！　なんで忍者ごっこしちゃダメなの？　楽しかったのに、つまらない。先生は何でもダメダメって言うんだよな～

公園から帰りたくないと
だだをこねたとき

楽しい散歩も、もう帰る時間。「もっと遊びたい」と拒む子どもたちを叱らずに帰路へと誘導するには、最初に深い同意を示すことです。

年長 **年中**

1
「帰る時間よー」
もっと！　ぞろぞろ

子どもの心
今楽しいところなんだよ。帰るのはイヤだ。もっと遊んでいたいよ……

2
そうでしょー　うんうん　こくこく

そうだね〜、楽しかったもんね……

POINT
語尾をやわらげて、しみじみと同意し、遊びの余韻を感じさせる。

3
うん、また来る！　きっぱり

今度またこようね！

POINT
一転して、きっぱりと区切りをつける言い方で。

4
はーい　さあ

じゃあ、帰ろうか！

子どもの心がつかめる理由

同意、区切り、促しの流れをドラマチックに演出する

子どもも、本当は帰らなければいけないことを理解していますが、ひと言不満を言いたいだけなのです。ですから、もっと遊びたい気持ちを受けとめ、「そうだね～」と深く同意してあげるのが第１ステップ。楽しかったことを一緒に振りかえるように間を味わったら、今度はがらりと雰囲気を変えて「今度またこよう！」ときっぱり。これで子どもも気持ちに区切りがつき、未練を断ち切れます。最後は「さあ、帰ろう！」と次の行動へと背中を押して。ひと言ひと言の役割をドラマチックに表現しましょう。

子どもの心：先生、公園、本当に楽しかったね。またこられるから、今日は帰るんだよね！

年少　乳児

「おなかがすいたね。お昼ごはんが待っているよ」

幼い子どもたちにとって、食べ物はいちばん意欲をかきたてられるものです。「お昼ごはんが待っている」と聞くと、「それなら園に帰ろう」と、すぐに気持ちが切りかわります。

アドバイス

きつく言ってしまったときの対処

子どもたちに聞きわけのないことを言われて、つい「じゃあ、もう知らない！」と声を荒げてしまったら、すぐに「な～んてね」と笑ってしまいましょう。険悪な雰囲気が一気に解消します。

✕「じゃあ、置いていくよ。みんな行っちゃうからね」

そう脅されても、本当に置いて行かれるはずがないことを子どもたちは見透かしています。するつもりもないことを口に出すと、普段の話も聞き流されるようになるので、やめましょう。

子どもの心：ふ～ん、どうせウソでしょう。行くなら行けばいいじゃん。わたしはここでもっと遊んでいくもん！

園に帰る途中で
道端に座り込んだとき

公園からの帰り道は、大きな子も小さな子もそれぞれに疲れています。ひとりが座り込むとみんなも足が止まりそう。気分を盛り上げて園まで帰りたいものです。

年長 年中 年少

1

（ちょっと―／疲れたぁ）

子どもの心
もう疲れたから座っちゃおう。園まで遠すぎるよ。今さらおんぶでもないけどさあ……

2

（うん）

疲れたね〜。さぁ、手を引っ張って行ってあげるよ

POINT
車道側に立ち、手を引っ張って立たせる。

3

（あるこー／あるこー／クスッ）

POINT
つないだ手を元気に振りながら、歩き始める。

4

（先生、おなかすいたー／ぼくもー）

おなか減ったね！　おいしいごはんが待っているよ〜！

子どもの心がつかめる理由

疲れたことに共感しつつ歌やおしゃべりで明るい雰囲気に

公園で思いっきり遊んだ子どもたちは、エネルギーを使い果たして、クタクタ。帰り道に座り込んでボヤキ始めた子どもには、「疲れたね」と共感を示すと「そうでしょ～」とばかりにちょっぴり元気を取り戻し、ボヤキがなくなります。もう一歩も歩きたくないと思っていても、手を引っ張ってもらうと足が動くのが子どものかわいいところ。つないだ手を元気に振りながら、歌を歌ったり、昼食の話で盛り上げると、子どもは疲れを忘れて、ちゃんと歩き出します。

子どもの心

最初は先生にグイグイ引っ張ってもらったけどさ、あとはぼくが先生を引っ張ったよ。歌っているうちに園に着いちゃった～！

アドバイス

子どもの元気が出る歩かせ方

疲れて歩きたくないと言い出したら、歌以外にもしりとり、なぞなぞなどをしながら歩くと、子どもは元気を取り戻します。「あの木のところまで行こう」と目標物を決めたり、暑い夏なら日陰はゆっくり、日なたは素早く歩くなど、歩くことに楽しさを演出すると、子どもたちは歩くのをいやがらなくなります。

「いいから早く歩きなさい」

こう言われると、子どもたちは疲れた気持ちを受けとめてくれないと反発し、よけい疲労感を感じて、足取りが重くなります。気分を盛り上げる言葉を、子どもは求めているのです。

子どもの心

あ～あ、先生に言われなくたって歩くけどさあ。行くときはおもしろかったけど、帰りはつまんなくなっちゃったな～

保護者への言葉がけ

SCENE 4

子どもどうしでケガをした・させたとき

ケガをした側

申し訳ありません。責任は園にあるのですが……

ケガをさせた側

ちゃんと叱って本人も反省していますので……

原則は相手の子どもの名前は伝えず双方ともに園の責任と伝える

　子どもどうしのトラブルで、一方の子どもがケガをしてしまった場合、どのように対応すればいいか。これは園全体で方針を決めておくことが望ましいのですが、一般的にはケガをした子の保護者には、ケガをさせた子の名前は伝えないことが多いようです。
　ケガをした子の保護者には、転んでケガをしたとき（P.54）と同様に、園の責任であることを強調し、その経緯やケガの状態、どのような治療をしたかを伝え、謝罪します。相手は誰かと聞かれても、「園の方針ですので……」と言い、伝えないことが原則です。
　ケガをさせてしまった子の保護者には、相手の保護者に名前を伝えていない場合は、相手の名前を話さないのが基本です。しかし、大きなケガをさせてしまったり、子ども自身が話したときなどには、個別に判断して話すこともあります。そのときでも「園の責任ですが……」と前置きして状況を説明し、「きちんと叱りました」「本人も反省しています」と経緯を伝えて、保護者が子どもを強く叱らないようにお願いしましょう。

×　「○○くんが△△ちゃんにケガさせてしまいました」

子どもどうしのトラブルであると主張し、園には責任がないように聞こえます。トラブルが起きたのは園の責任と自覚し、謙虚な姿勢を忘れないこと。安易に相手の名前を教えると、保護者間で問題が生じてしまうこともあるので要注意です。

SCENE 5

食事

子どもたちが大好きなお昼ごはん。集団生活を意識するよい機会でもあります。決められた時間内に、楽しく、おいしく食べられるような言葉がけをしましょう。

自分でごはんを食べないとき

甘えだけでなく体調がすぐれない場合もあるので、観察したうえで適切な言葉をかけていきます。登園時からの様子も振り返りましょう。

年長 **年中**

1

子どもの心
何だか気のりしないな……。食べるのめんどうくさいな……

2

うーん

先生が食べさせてあげようか？

3

どう、おいしい？
無理しないでね

もぐもぐ

POINT
食べさせながら体調や気分を確認する。

4

うん

もうそろそろ自分で食べてみる？

子どもの心が
つかめる理由

甘えたいだけであっても
受けとめてから気分をもち上げる

　子どもが自分で食事をしないときは、まず最初に体調不良や深刻な気持ちのトラブルがないか、朝からの様子を振り返り、不調のようなら適切な対処をします。年中以上の子どもに「食べさせてあげようか」と先生からふってそれにのってくるのなら、おそらくは甘えたいだけでしょう。それなら甘えを受けとめて、「もうそろそろ」「もうちょっとだけ」とやりとりしながら何口か食べさせてあげれば、子どもの気持ちは満足し、すぐに自分で食べ始めます。

子どもの心

さっきは自分で食べる力も出なかったの。先生が食べさせてくれたら、急におなかがすいてきたよ！

年少

「はい、赤ちゃんごっこね～。先生が食べさせてあげるね」

　甘えの気持ちであるなら、“赤ちゃんごっこしているんだよね”というポーズで、ひとまずその気持ちを受けとめます。すると、すぐに満足してきげんよく食べ始めます。

こんなときは…

どうしても食べないとき

　気分がのらなくて、どうしてもごはんを食べたがらないときは、無理に全部食べさせなくてもよいと思います。保育園ならそのぶんおやつを多めに食べさせて、一日の中で食べる量を調整しましょう。

×「何をしているの？　さっさと自分で食べなさい」

　子どもの心身の状態を見ていない言葉です。本当に体調が悪いのに先生の言葉で無理に食べると、嘔吐したりぐったりする場合もあるので、こうした言葉は絶対に避けなければなりません。

子どもの心

食べたくない……。先生が怒っているから食べなきゃいけないのかな？　何だか気持ち悪くなってきちゃったよ

おしゃべりに夢中で
食べることを忘れているとき

楽しく過ごさせたい食事の時間ですが、食べることを忘れておしゃべりしているようなら、ときどき今何をする時間かを気づかせる言葉をかけます。

> どう？　食べている？
> おしゃべりしすぎじゃない？

年長　年中

子どもの心
はるちゃんと話すの楽しいな！　アッ、あれも言わなくちゃ！

POINT
笑顔で言いながら食器の中身を指差す。

子どもの心がつかめる理由

食事が減らないことに気づかせ おしゃべりの熱を冷ます

子どもにとって食べることは、最大の楽しみです。楽しく食べることはいいことですが、おしゃべりがエスカレートするのは困りもの。食器の中身を指差し、視線を食べ物の減り具合に向けさせると、子どもは気づいて食べ始めます。やがてまたおしゃべりが始まるのは必至ですが、ときどき言葉をかけて食事に引き戻せばよいだけのこと。あまりにも声が大きくなりすぎたら「ちょっと・静かに・食べてみようか」とゆっくり言うと、スッと興奮が冷め、おしゃべり熱がトーンダウンします。

あんまり楽しくて、食べるのを忘れていた。ごはんも食べなきゃ。おかわりしたいもん！　遅れちゃう、遅れちゃう！

年少

「小さい声で話そうね」

幼い子はヒソヒソ話を続けることが難しいため、楽しい気持ちのまま自然と食べることが中心になっていきます。また、「おしゃべりのお口じゃなくて、食べるほうのお口を使ってね」と言うと、食べ物を噛もうとして食事が進みます。

✕ 「シーッ！　黙って食べなさい」

圧迫する言葉を投げかけられると、楽しかったはずの食事の時間が、とたんに楽しくなくなってしまいます。沈黙の重苦しい空気の中、声は出さなくても、おもしろい表情で笑わせようとする子どもが出てくるのは、お決まりのこと。それを見た子の笑い声で、また騒がしくなるので、沈黙させても効果はありません。

せっかくおもしろい話をしていたのに。黙って食べるなんてヘンだよ。ごはんは楽しくって、先生が前に言っていたのにな……

ひじをついたまま食事をしているとき

ひじをつきながら食べてしまうのは、姿勢が正しくないから。本人も気づいていないことが多いので、こまめな指導が必要です。

子どもの心

ああ、楽ちんだな～。ごはんおいしいな～

食器を持ってね。背中をピーンとしよう！

年長 年中

POINT

その子の背筋をさすって、伸ばしながら声をかける。

子どもの心が
つかめる理由

言葉がけと同時に背中をさすり 姿勢を正すことへの抵抗をなくす

食事中にひじをつく原因は、気持ちがたるんでいるのではなく、背中を丸めていることにあります。自分では気づくことができないので、「背中をピーンと」というプラスイメージの言葉と、背中をさすってあげることで、背筋を意識させましょう。子どもは先生にさすってもらったうれしさで「ピーン」という状態を体で覚えます。また、左手は食器に添えるという習慣を崩さないように、言葉をかけることも必要です。背中が伸びて、手に食器を持っていれば、ひじをつくことはなくなります。

子どもの心

背中がピーンとしたら、背が高くなったみたい。こっちのほうがすっとして気持ちがいいや。先生、背中をなでてくれてありがとう

年少 乳児

「左手を食器に添えてね」

小さいうちから食器に手を添えて食べることが身についていないと、左手があいた状態でダランと下げたままになり、やがてひじをつくようになります。

アドバイス

姿勢が気になったらイスを確認

イスに座って足が床についていないと体が安定せず、姿勢が悪くなるので、足置き台を置いて調節を。また、座面が深すぎると体とテーブルが離れ、前のめりになりがち。新聞紙を詰めた牛乳パックを３本用意し、横に並べてガムテープで貼り、キルティングの布などを被せて背もたれを作るといいでしょう。

「またひじをついてる！」

叱り言葉だけで何の指導もしないと、そのときはあわててひじをつくのを直した子も、自分では正しい姿勢を取ることができないために、すぐに元に戻ってしまいます。“叱る”のではなく、“指導”が必要です。

子どもの心

あっ、ひじついて食べてた。また怒られちゃったよ。どうすればいいのかな……

食べるのに時間がかかるとき

食事の終わるころに指示しても手遅れ。食事の途中に、ペースをつかむ目安として時計の針やほかの子の食べ具合を確認させる言葉をかけます。

年長 年中

時計の長い針が６になるまでに食べてね

子どもの心

まだまだたっぷり時間があるよね。
お昼ごはんは楽しいな～

半分は食べ終わっていないと、**６までに終わらないと思うけどな～**

POINT

時計の針が３になったことを指で示す。

子どもの心が
つかめる理由

具体的に時計で時間配分を知らせ自分のペースを自覚させる

子どもは、食事中に時間を意識することが大変難しいため、毎日根気よく言葉をかけていくことが必要です。年長、年中さんには、時計の針の位置を利用すると、「時計がわかる」＝「カッコイイ」とプライドが刺激され、先生の意図を受け入れやすくなります。食事の途中、残り時間が半分になった時点で、自分のお皿に目を向けさせるのも大事なことです。「半分終わっていないと」という言葉に子どもも同感し、自分からペースを速める意欲がわいてきます。

子どもの心

あ〜、いけない！　時計の針があと半分になっちゃった〜。早く食べよ！　先生が教えてくれなかったら大変だったよ

年少　乳児

「モグモグ　おいしいね」

先生が一緒に「モグモグ」と食べてペースをとれば、子どもたちもがんばって食べ始めます。また、完食した子どもの食器を「○○ちゃんのお皿、ピカピカだね」とみんなに聞こえるようにほめるのも効果的です。

こんな方法も

「おかわり」で食欲を刺激する

子どもは「おかわり」に優越感を感じるもの。「○○ちゃんはおかわりだって。みんなもおかわりしてね」などと、すでに食べ終わっておかわりしている子どもの名をあげると、「自分もがんばろう」とはりきります。

×「早く食べなさい。もう終わっちゃうわよ」

終了時間間際になって急にせかしても、子どもはびっくりして憮然とします。たっぷり残していたなら、いくら焦って食べても遅れてしまうでしょう。不満が残る終わり方は避けなければなりません。

子どもの心

エッ？　今から全部食べるの？　こんなにいっぱいよそってあったから食べきれないよ。困ったな。どうしよう……

苦手なおかずを残そうとしたとき

苦手な食べ物を克服する「ひと口だけ」の約束。「もったいないことをしないためには？」と考えさせる食育の機会でもあります。

年長　年中

子どもの心

このおかず、苦手なんだよな……。残したいな〜

1. うーん　うーん

2. ほんのちょっとだけにして…

　残したいの？　どのくらい減らす？

3. ガバッ

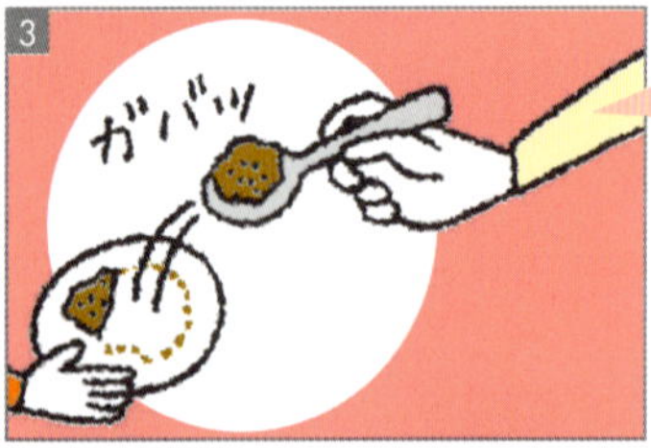

　はい。じゃあひと口だけね

POINT
子どもが減らすといった部分を、その場で取り除く。

4. ハーイ

　残すともったいないね。今度は食べる前に減らしてって言おう！

子どもの心がつかめる理由

子どもの意思表示を促して食べ物を粗末にしない心を育む

子どもといえども食事の選択権があることを先生は忘れてはいけません。「どうしたいの？」「どのぐらい減らす？」とたずねると、子どもは自分の意思が守られることに安心します。自分がどうするかを選べると思えるからこそ、「もったいないね」という先生の言葉に同意できるのです。食べ物は大事にしなくちゃという気持ちになれて、「苦手な物もひと口は食べる」「残さないように食べる前に減らす」という約束を、自分から守ろうと思うようになります。

子どもの心

残せてよかった。でも、今度は最初に減らしてって言わないと。だって残しちゃったらもったいないもんね

年少　乳児

「ひと口だけ食べようね」

苦手な食べ物も「ひと口だけ」の約束。スプーンなどにほんの少しのせ、食べたらそれを認めます。すると子どもは「苦手だけどがんばれた」と達成感を感じ、「ひと口」であれば受け入れるようになります。

こんなときは…

ふだんから小食のとき

小食の子どもがよく食事を残す場合は、「少なくよそってって頼もうね」と、あらかじめ自分で量を調節できるように何度か促します。少量でも完食できたら認め続けると、食べることに自信がもてるようになります。

✕「残さないで全部食べなさい」

食べられない物を強制的に押しつけても、子どもは反抗するか、泣くかのどちらかです。一度こう言われたら、先生に相談せずに見えないところでこっそり捨てるなど、よくない行為に走りかねません。

子どもの心

食べられないって言っているのに、先生ひどいよ！　絶対食べたくない。だれか助けて。捨てちゃいたいよ

食べ物や食器で遊んでいるとき

乳児クラスから教えていきたいのが、このテーマです。年中以上はまわりのお友だちの説得も活かして守らせていきましょう。

子どもの心

あはは、クルクル回って面白いな～。お皿もおかずもクルクル回れ～！

そうだね。**もったいないおばけがくるね。落としたら割れちゃうよ。やめようね**

年長 年中

おはしを人に向けないで！刺さったら危ないよ

POINT

真剣な表情で話す。

子どもの心がつかめる理由

“もったいないおばけ”とお友だちの説得でやめさせる

食べ物や食器で遊んではいけないことは、乳児クラスからしっかり教えていかなくてはいけないルールのひとつ。ふざけた場合には、すぐに止めなければなりません。そのとき、まわりの子どもたちと一緒に、共通イメージのある「もったいないおばけ」を最初に投げかけると、次の禁止の言葉をすんなり受け入れます。また、はしやフォークを人に向けたら、すぐに真剣な表情で「刺さったら危ない」と制止します。遊んでいた子どもは、絶対にやってはいけない雰囲気を感じ取って、反省します。

子どもの心

ついやっちゃって、先生やみんなに怒られちゃった。ごはんももったいないことしちゃったな。もうやめよう

年少 乳児

「お皿はバンバンしちゃダメ」

その場で具体的に、いけないことを伝えましょう。言葉と同時に手をそっと押さえるなど、言葉と動作を両方使うと、小さい子どもは理解しやすくなります。

こんなときは…

ダメダメコールがおこったとき

食べ物で遊んでいる子に、周囲から「ダメダメ！」という声が上がり、険悪な雰囲気になったら、「先生がお話しして教えるから、みんなはしっかりやっているところを見せてね」と子どもたちを順番に見ながら言います。子どもたちは自分が認められたと納得し、騒ぎが収まります。

✕「いけません、そんなことをしちゃ」

禁止の言葉を強く言われただけですと、動揺して何がいけないのかわからなくなり、反抗心も起こります。「そんなこと」ではなく、何がいけないのかをはっきり伝えて納得させないと、怒られても同じことを繰り返します。

子どもの心

そんなことって、何のこと？　先生はいつもすぐ怒るんだから。知らないよ～だ！

食べ物をテーブルや床にこぼしてしまったとき

コップを倒す、おわんを取り落とすなどは、子どもならよくある失敗です。大げさにせず、すぐに自分で始末できるようにフォローします。

年長 年中

子どもの心

ワッ!! こぼしちゃった! 怒られちゃうよぉ。どうしよう……

自分で拭けばいいんだよ。テーブルは台拭きね。床は雑巾だね

POINT

あわてず、いつもの態度で伝える。

うん、**自分できれいに拭けたね。さあ、食べようか**

子どもの心が
つかめる理由

失敗を追及せず、やり直す方法を具体的に伝えて完了を待ってあげる

食事中や配膳中におかずなどをこぼして台無しにしてしまうと、子どもはショックを受けます。このようなとき、どうしたらいいんだろうと固まったら、「大丈夫、拭けばいいんだよ」と背中を押す言葉をかけ、自分で“失敗したこと”のやり直しができるように、「テーブルは台拭き、床は雑巾」と具体策を教えてあげます。始末している最中はあれこれ言わず、終わったら「失敗は誰にでもある。自分で取り戻せばいいんだよ」という内容をその子に合った表現で伝え、食事を再開させましょう。

子どもの心

こぼして恥ずかしかったな。でも自分ですぐきれいにすればいいんだね。よかった。さあ食べよう！

年少

「こぼしちゃうときだって、あるよね〜」

責めることなく事実を確認し合うと、子どもは自分から失敗を心に刻みます。すぐに先生が片づけ、食べ物がかかった子どもには先生が「ごめんね。大丈夫？」と声をかけます。

こんなときは…

わざとこぼしたとき

めったにないことですが、もしもわざとこぼしたなら、「それはダメだよね」と真剣に向き合って、こぼした理由をたずねます。そして、「ごめんなさい」と、きちんと謝ることまで指導しましょう。

×「あ〜らら、こぼしちゃった」

こぼした子どもが困っているのに、さらに失敗を言い立てて責めているだけでは、何の解決にもなりません。どうしたらいいのか、はっきり指示を与えましょう。この言葉がけでは、周囲の子どもまで、責める声を上げ始める恐れもあります。

子どもの心

わざとじゃなかったけど、こぼしちゃった。お昼ごはんが食べられなくなっちゃったし、床もぐちゃぐちゃ。どうしたらいいんだろう

給食当番をいやがるとき

給食当番やおやつの配膳などは年長さんの特権です。ふつうは率先してやりたがるものですが、気のりがしないときは強制しません。

🟢 年長

1

これやって　イヤイヤ

- 子どもの心 -
あ〜あ、今日はお当番したくない。さっき、けいちゃんとケンカして、気がのらないな……

2

いいよ、先生がかわりにやるよ！

Point
自然な様子で子どもと交替する。

3

そろそろ、やる気出たかな？

Point
普通によそいながらさらっとたずねる。

4

先生、もういいよ　ぼくがやる

じゃあお願いね

子どもの心がつかめる理由

なぜ当番をいやがったかをさぐり かわって見せてプライドを刺激する

　小さい子どもたちから憧れの目で見られる給食当番をやりたがらないのには、何か理由があるはず。登園時の様子などを振り返り、「寝不足、疲れ、お友だちとケンカした、叱られたことを思い出した」など原因をさぐって、さりげなく言葉をかけます。先生が自分の不調を感じてくれたことがわかれば、モヤモヤした気持ちが落ちつき、当番の仕事を見直す心の余裕が生まれます。そうなれば、年長のプライドがムラムラと甦り、自分でやると言い出すでしょう。

子どもの心

先生、ありがとう！　もういいよ。ちょっと気がのらなかったの。お当番は年長さんのお仕事だもん。やっぱりぼくがやらなきゃ！

アドバイス

配ってもらう子どもには「手はおひざ」

　給食当番がおかずを各自の席まで運ぶ場合は、座って待っている子どもたちに「手はおひざね」と声をかけておきましょう。そうすれば、待っている子どもたちの手が給食当番や食器に当たることもなく、おかずをこぼしたりする事故を防ぐことができます。

「みんなやっているのよ。ちゃんとやりなさい」

　当番をいやがる子どもの内面に何があるのか、まったく気にしていない言葉です。「やりたいけどやりたくない」ともんもんとしている子どもは、さらに追い打ちをかけられ、いっそう気持ちがこじれてしまいます。

子どもの心

うるさいな〜、わかっているってば。やるよ！　チェッ、当番なんてめんどうくさい。ああ、やりたくない！

保護者への言葉がけ

SCENE 5
子どもに厚着をさせてくるとき

「日中は暖かいので動くと汗ばみますよ」

「暖かくなったら1枚脱がせて適着にしますね」

おはようございまーす

モコモコ

日中の子どもたちの様子をイメージさせ "適着"の大切さを伝えていく

　冷え込む朝などには、寒い思いをさせてはかわいそうと、どうしても保護者は子どもに厚着をさせてしまうようです。
　でも日中動き回る子どもにとっては、厚着だと汗をかき、そのまま冷えて、風邪を引きやすくなります。そこで保護者には「日中は暖かい」という言葉で、昼間の子どもの様子を想像してもらいます。そのうえで「〇〇ちゃん、動くと汗ばんでいますよ」「こんなにモコモコしていると動きづらいね」「長袖の肌着は、汗をかくんだよね」などと、具体的な言葉で厚着であることを伝えましょう。
　厚着の傾向がある保護者には、薄着にしようといっても抵抗があるので、"適着"という言葉で説明していくのも有効です。なかには子どもに「脱いじゃダメ」と言っている保護者もいるため、「暖かくなったら、1枚脱がせて適着にしますね」と声をかけ、承諾を取っておいてもいいでしょう。保護者会やお便りを通じて、適着の大切さを日ごろから園のメッセージとして伝えておくのもいいでしょう。

✕ 「厚着ですねぇ。汗をかいて風邪を引きますよ」

厚着をさせているのは、子どもを思う親心。厚着をストレートに否定すると、その子どもを守りたいという保護者の思いまで否定しているように聞こえることもあります。「お子さんを思う気持ちはわかりますが……」という姿勢を忘れずに。

SCENE 6

昼寝

遊びが大好きな子どもたちを、静かに寝かせるのはひと苦労。でもフル活動する子どもたちにとって、睡眠はとても重要です。少しの工夫で眠りに誘うことができますよ。

自分でパジャマに着がえず「着せて」と甘えるとき

いつもは自分でやることを甘えてやりたがらないときこそ先生の出番。甘えの背景にある気持ちをちゃんと受けとめながら、乗り越えるサポートをします。

年長 年中

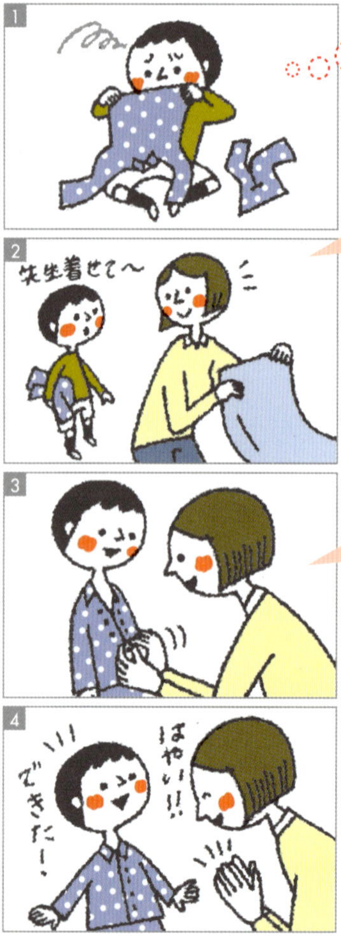

子どもの心

あ～あ、いやだな。パジャマって。朝ママに着がえるのが遅いって怒られたんだよな～

あれ、しようがないな～。**やってあげるよ**。はい、赤ちゃん！

POINT

ちょっぴりからかうように、互いにふざけ合うようにユーモアを交えながら。

はい、ここまでボタンかけたよ。**あとは自分でね！**

子どもの心がつかめる理由

甘えを受けとめるだけでなく自立を促す言葉がけが重要

ママに怒られた、兄弟とケンカした、などマイナスの出来事がフッと甦ったときに、子どもはまったく関連のない甘えで不安感を解消しようとすることがあります。すがってくる気持ちを「やってあげるよ」と受けとめることは、とても大切。同時に、「ここまでやるから、あとはやってね」と本来の自分を取り戻す方向へ、言葉をかけましょう。場合によっては、「はい、今度は○○ちゃん。今度は先生」など、何回かやってあげたり、やらせたりを繰り返せば、気持ちが立ち直っていきます。

先生おもしろい。今日はふたりで着がえちゃった。本当は自分でできるんだぞ！

年少

「はい、ここだけね。あとはやってね」

少しずつ自分でできることが増えてくる年少さんは、「ひとりでできた」ということに、とてもこだわりをもつ時期です。ですから、甘えが出ても、すべてを先生が助けてしまうのではなく、伸びようとする意欲を呼び戻すような言葉がけをしましょう。「はい、ここだけね。あとはやってね」と、言葉がけをしてもすぐには気分が立ち直れないようなら、もう少し手伝いながら、子どもの様子を見ていきましょう。

×

「甘えないで、自分でやるのよ」

ぴしゃりと言葉を投げつけると、子どもは傷つきます。今日はなぜ甘えてくるのかを、素早くさぐる観察眼が必要です。何も考えずに「はいはい、これでいいでしょ」とさっさと全部やってあげてしまうのも、子どもの心にとっては何の支えにもなりません。

本当は自分で着がえられるもん。あ〜あ、ちょっと言っただけなのに……。先生ってイヤな感じ！

布団などをかけて寝るのをいやがるとき

「何もかけたくない」と布団をはいでしまうときは、「ここだけはかけよう」と具体的に伝えます。さらに、いやがっていた布団をよろこぶ奥の手もありますよ。

子どもの心

暑いから布団はいらないや！　このまま寝よっと

おなか、冷やさないようにね。冷えると痛くなっちゃうから

年長 年中 年少

POINT

布団を横にして、おなかの部分をポンポンと軽くたたく。

はい、**おなかだけね**

子どもの心がつかめる理由

暑ければ無理強いせずに臨機応変に対応する

子どもは寝入りばなに体温を発散するので、手足が熱くなります。「暑い」と布団をいやがったら、無理にかけさせる必要はありませんが、「おなか」とポイントを絞ってかけてあげると子どもは受け入れやすくなります。布団を横にしてあげると、暑がっていた手足は涼しくなり、おなかも守れます。いつもとちがうかけ方に子どもは大よろこび。いやがっていた布団かけをおもしろがるでしょう。それでもいやがるなら、深く寝入ってから先生が布団をかけ直してあげればいいことです。

子どもの心

わあ、布団が横になっちゃったぞ。これでおなかは安心だね！

アドバイス

その寝具は適正？

布団は季節によってかえていくものですが、急な温度変化に対応できない場合もあります。見落としがちなのが、寝ているうちにかいた汗で体を冷やしてしまうことです。もしも暑そうな様子なら、「お布団、ずらそうか？」と声をかけてあげましょう。

「かけないとダメ！」

こう言いながら布団をギュッと押さえると、子どもは暑くていっそうイライラし、寝つくことなどできなくなるでしょう。子どもの体温の高さを知って、快適に眠れるように心を配らなくてはいけません。

子どもの心

う～、暑いって言っているのに！　ああ、もうイライラする！

なかなか寝てくれないとき

昼寝の時間だというのに、キョロキョロもぞもぞ。隣の子まで起こしてしまいそうなときは、興奮を抑える言葉がけで眠気を誘います。

子どもの心

誰かこっちを見ないかな～。なんか眠れないよ……

おしゃべりしないんだよ。頭をお布団につけて。お話読むよ

年長 年中

POINT

頭を布団につけさせることで視野をさえぎる。会話は極力せず、子どもの近くですぐにお話を読み始める。

子どもの心がつかめる理由

頭を布団につけさせて興奮を鎮め 静かな声で淡々と読み聞かせを

　すんなり眠りに入れない場合、会話は避けて、まず頭を布団につけるよう指示。「寝なさい」と言うより具体的なので従いやすく、頭を布団につけることで視野が狭まり、刺激が減って興奮が抑えられます。読むお話はゆったりした雰囲気のものを。耳に心地よい静かな声が子どもの緊張と興奮をだんだんときほぐし、とろんとしてくるでしょう。不安があって眠れない子の場合には、「先生ここにいるから、大丈夫だよ」と手を添えて安心させてから、お話を読み始めます。

子どもの心

先生の声がぼくだけに聞こえてる……。ああ、何だかいい気持ち。眠くなってきちゃった……

年少　乳児

「おめめも休もうね」

　布団のおなかのあたりに手をのせ、トントンしながらやさしく「おめめも休もう」と目を閉じさせます。手足が冷えているときはそっと握って温めて眠気を誘い、温かくなってきたら「おやすみ」と手を布団に離します。

こんなときは…

どうしても寝つけないとき

　寝なきゃいけないと思っているのに眠れず、焦っている子どもには、「無理に眠らなくてもいいんだよ。じっとして、目をつぶって、体を休めればいいんだよ」と、気持ちを楽にさせる言葉をかけましょう。

✕「動いちゃダメよ。じっとしているの！」

　こわい顔で迫ると、子どもはますます興奮し、目がさえてしまいます。やたらと布団をトントンするのも、逆効果になりがち。「なんで寝ないの？」などの返事を求める言葉がけも、よけい頭がはっきりしてしまうのでやめましょう。

子どもの心

先生がこわい顔でにらんでる。しまった、見つかっちゃった。ドキドキしてきて、よけいに眠れなくなっちゃったよ

昼寝の途中で目が覚めてしまったとき

昼寝の途中で目が覚めてしまった子どもには、ほかの子たちまで起こしてしまわないように静かに対応しつつ、起きた原因をさぐります。

年長 年中

POINT
声は出さず、笑顔で「大丈夫」というようにうなずく。

子どもの心
あっ、目が覚めたらおしっこに行きたくなっちゃった。どうしよう……

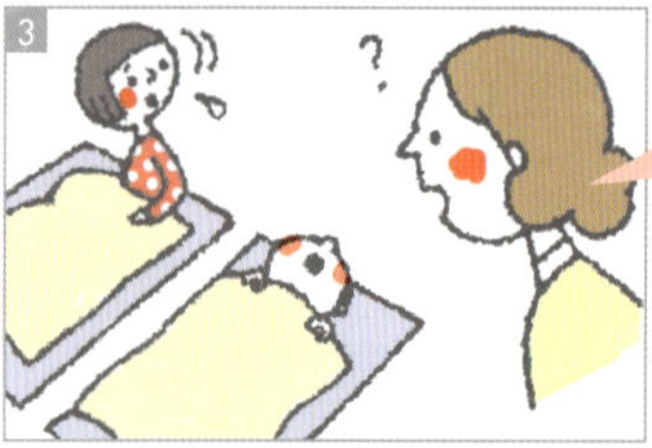

お・しっ・こ？

POINT
声は出さずに大きく口を動かして伝える。

POINT
おねしょかどうかも素早く確認する。

子どもの心がつかめる理由

不安にさせないようにゆったり接し言いたいことを汲み取る

お昼寝からふと目が覚めて周囲を見たとき、先生の笑顔を見つけると子どもはホッとします。何もなければ、安心して再び目を閉じるでしょう。何か理由がありそうと感じたら、「おしっこ？」「夢を見た？」など極力表情や口の動きでさぐります。声を出すと周囲も気づき、また「自分が起きていることは悪いこと」と本人も意識してしまうからです。そばについて「大丈夫よ」というメッセージを送れば、子どもはお昼寝中の穏やかな雰囲気に自分も包まれていると感じ、落ちつきを取り戻します。

子どもの心

わたしだけ目が覚めちゃってどうしようかと思っちゃった。先生がきてくれて、トイレにも行けたからよかった。もう少し寝ようかな

年少　乳児

声をかけずに、子どもの横に

目を覚ましたら、まだぼんやりとしているうちにすぐ横に座り、そっと布団に手を置いて静かにトントンします。ゆったりとした雰囲気に一緒に浸るようにすると、再びとろんと眠りに落ちていくでしょう。

こんなときは…

完全に目が覚めてしまったとき

園庭でこっそり遊ばせたり、別室で絵本を読んだりするのは、「お昼寝より楽しい」と寝ないクセがついてしまうので避けます。「横になっているだけでも体は休まるからね」と言い聞かせましょう。

✕「まだ起きないッ！　寝てなさい！」

きつく声をかけられると、子どもはかえって目が覚めてしまうものです。周囲の子どもたちも起きてしまうことも。また、もしもトイレに行きたくなっても言い出せなくなり、おねしょをしてしまう場合もあります。

子どもの心

どうしよう、先生を怒らせちゃった。でもわたしトイレに行きたくなっただけなんだけど、行かせてくれないのかなぁ……

おねしょをしてしまったとき

おねしょをした子どもが落ち込んだままにならないような言葉がけが必要です。周囲の子どもたちに気づかれないような配慮も忘れずに。

子どもの心

ああ、パジャマもお布団も濡れちゃってる。どうしよう……先生に言いたくない。みんなにバレちゃったらどうしよう……

POINT

その子だけに聞こえるように言う。

年長 年中

POINT

すぐにシャワー室へ一緒に行く。濡れた布団のフォローをほかの先生に目で頼む。

子どもの心がつかめる理由

子どものプライドを傷つけない言葉と素早い処理で安心させる

子どもにとって「おねしょをした」と指摘されることはつらいことです。周囲の子に気づかれないように、「大丈夫だよ」としっかりした口調で力添えの言葉をかけると、子どもは気を取り直し、次の着がえへと向かえます。ショックで動けない子どもには「だ・い・じょ・う・ぶ」とゆっくり、言葉を区切って力づけて。コソコソ早口で言うと、マイナスイメージを与えてしまいます。「汗かいちゃった」という子には、「そうだね、汗だね〜」と明るく応じて。子どものプライドを守ることが大原則です。

子どもの心

失敗しちゃったけど、先生怒ってないや。みんなにも知られなかったみたい。ああ、よかった。ビクビクしちゃった

年少

「一緒においで」

笑顔で一緒にシャワー室に行き、「はい、さっぱりしよう」ときれいにしてあげます。いつも通りの態度で接するのがポイント。乳児とちがい、年少さんになったらみんなの前で始末することはやめましょう。

アドバイス

布団も目立たないように干す

園で統一した布団を使っている場合は別として、個人で布団を持ち寄る場合は、干してある布団から誰がおねしょをしたかがわかってしまいます。子どもの前で干さない配慮も必要です。

×

「あ〜、またやっちゃったか〜」

おねしょについては、とがめる言葉は厳禁です。たとえ周囲に聞こえなくても、子どもは深く傷ついてしまいます。「早くきなさい」など手を引っ張ってシャワー室につれて行くのもやめましょう。

子どもの心

ああ、先生が怒っている。おねしょなんかしたくなかった。恥ずかしいよ。もう帰っちゃいたい……

なかなか起きられないとき

昼寝でぐっすり寝込んでしまい、なかなか起きられない。そんなときはトイレに誘えば、布団を引きはがさなくても自分で起き出します。

年長 年中

子どもの心

まだ眠いのに、うるさいなあ。もうちょっと寝かせてよ……

たけくん、起きるよ。**あとは夜寝てね**

さあ、立って**トイレに行こうね！**

POINT

トイレを強調し、体を起こします。

子どもの心が
つかめる理由

眠い気持ちを叱らず体を起こしてトイレに誘う

　気持ちのいい昼寝タイムですが、３時過ぎまで寝ていると夜遅くまで寝つけなくなり、生活時間がずれてしまいます。「夜寝よう」という言葉で、ここは園だったことを思い出し、「今眠りにしがみつくこともないな」と子どもも気がつきます。そのまま体を布団に横たえていると再び眠りに落ちてしまいますが、「トイレに行こう」と誘うと、急に尿意をもよおすのが子どもというもの。そうなれば「もう寝ていられない！」と自分から立ち上がりますよ。

子どもの心

よく寝ちゃった……。みんな起きているな。ええっと、早くトイレに行かなくっちゃ。さあ、トイレ、トイレ！

年少

「さあ、トイレまで一緒に行こう」

　眠いと腰が立たないのが年少さんです。布団の中にいても、手をつないであげると「先生が一緒ならいいか」という気になり、起き出します。ほかの先生と協力し、１対１で子どもに対応すると順調にいきます。

こんな方法も

年少さんの歌で起こす

　年少さん以下のクラスは「起きよう、起きよう♪」など目覚めのテーマソングで起こすこともあります。どうしても起きたがらない年中、年長さんには、小さい子たちの歌を歌うとピョンと跳ね起きます。

×「さっさと起きなさい！」

　眠たいところに命令口調で言われたり、強く叱られると、子どもはぐずり出します。ときには泣き出し、収拾がつかなくなることもあるでしょう。時間を守ろうとやっきになりすぎないことが大切です。

子どもの心

まだ眠いってば。先生、ひどいよ。起きたくなんかないよ！

保護者への言葉がけ

SCENE 6

子どもが朝から眠そうにしているとき

様子を聞くだけでも十分
安心して任せてと引き受ける

朝、子どもが眠そうな様子を見せて登園してきても、先生は温かく迎えてあげましょう。困ったり、迷惑そうな表情を浮かべたりしないようにします。そして保護者にも、眠そう＝夜寝るのが遅かったのでは……という批判的な視線を向けるのではなく、原因を知りたいという姿勢で「おうちでの様子はどうでしたか」とたずねます。

先生は保護者に聞かなくても子どもの様子から、前日の夜寝るのが遅かったり、朝食をきちんと食べていないというのはわかるものです。しかしあえて聞くのは、保護者に注意するためではありますが、昼間の保育に配慮をすることはあるかを知りたい、という姿勢を伝えることが大切なのです。

また「眠くても大丈夫ですよ」という気持ちで受けとめ、保護者を安心させてあげましょう。ただし、それでいつも子どもが寝不足でも大丈夫と思われてもいけませんから、保護者が子どもと一緒にいるうちに、子どもに対して「そうか、そうか。今日は早く寝たほうがいいね」と声がけしておくといいでしょう。

×

「早く寝かせてくれないと困ります！」

それぞれの家庭に、いろいろな事情はあるもの。それを理解せず、寝不足だと保育に支障があるというような、自分本位なものの言い方、責めるような口調はいけません。どこかで子どもも聞いているかもしれませんよ。

SCENE 7

生活習慣

物を大切にする、お友だちを思いやる、ルールを守るなどの習慣を、子どもたちが日常で身につけていくためには、焦らずに、根気よく言葉をかけていく必要があります。

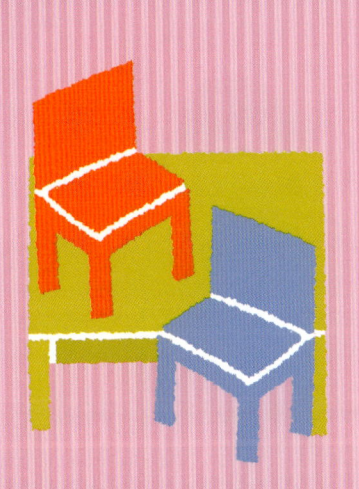

水を出しっぱなしにしたまま立ち去ろうとしたとき

エコ意識は、小さいころから育みたいもの。日常の保育の中でも、水の出しっぱなしなどには、言葉がけをして注意を促すことも必要です。

子どもの心

あっ、りなちゃんが呼んでる。行かなきゃ！

年長 年中

POINT

大げさすぎず、子どもが負担にならないような軽い口調で。

使わないときは**ギューッとしめてね。もったいない、もったいない**

子どもの心がつかめる理由

「もったいない、もったいない」はエコ意識を育む大切な言葉

最近では、子どもも日ごろからエコに関する意識が高いので、出しっぱなしにしている行為を叱るよりも、「水がもったいない」という理由を話してあげるほうが効果的です。「水がもったいないからきちんとしめよう」という意識づけができ、次からの行動につながっていきます。子どものひねる力はまだ弱いので、しめたつもりでも蛇口からポタポタと水がたれていることもよくあります。年長さんくらいになったら、「水がポタポタしていないか確認しようね」と声をかけてあげるといいでしょう。

子どもの心

水を出しっぱなしにすると、水がもったいないんだった。ギューッてしっかりしめればいいんだよね

年少 乳児

「使い終わったらギューッだよね」

水を使ったら、蛇口をしめることを習慣として身につけられるように、忘れそうになったら声がけします。ひねる動作がまだ未熟なので、しめようとする行為ができれば十分と考えましょう。

こんな方法も

夏のプールを話題にする

子どもたちはプールが大好き。「水を大切にしないと、プールに入れなくなっちゃうよ」と言うと、「大変だ！」とばかりに、みんな急に水を大事にするようになります。とても効き目のある言葉です。

✕「ほらっ、また出しっぱなしにして。ダメよ」

言葉がストレートすぎると、きちんと蛇口をしめても、その場限りになってしまうことがあります。なぜ出しっぱなしはいけないのか、その理由を説明し、子どもがきちんと理解しなければ、自分から注意しようという気持ちは芽生えにくいものです。

子どもの心

アッ、先生に見つかっちゃった。早く遊びに行きたいから、すぐ忘れちゃうんだよね

ゴミをポイ捨てしたとき

子どもたちに生活のルールを守らせることは大切ですが、いけないことをしたときは、叱るだけでなく、子どもが素直に従えるような言葉がけを心がけましょう。

子どもの心

失敗したから捨てよう。でもゴミ箱が遠いや。投げちゃえ！

年長 年中

これは燃えるゴミかな？
燃えないゴミかな？

POINT

叱るのではなく、クイズを出すように聞く。

子どもの心がつかめる理由

「わかっているよね」という態度で子どもの素直さを引き出そう

年中、年長さんになれば、ゴミはゴミ箱に捨てることを理解できています。それをわかっていてやってしまい、「先生に見つかっちゃった。困ったな…」と、悪いことをしてしまった意識はちゃんとあるものです。そんなとき、「コラッ！」「ダメでしょ」などと頭ごなしに叱るのは逆効果です。先生がやさしく「本当はどうするのが正しいのかな？」という気持ちでクイズ方式で問いかけると、子どもは自分で反省して、素直に「ごめんなさい」と謝ることができます。

子どもの心

本当はゴミ箱にちゃんと捨てようと思っていたんだ。ごめんなさい。これからはちゃんと捨てるよ

年少

「ゴミはゴミ箱に入れるんだよね」

やるべきことを言葉で指示して、子どもにゴミを捨てさせます。言葉だけをかけるのではなく、ゴミを捨てるところまで見守って、捨てられたら「すごいね、ちゃんとできたね」と認めてあげましょう。

こんな方法も

先まわりをして声をかける

ポイ捨てしようとする直前に、「ゴミはゴミ箱に捨てるんだよね」とゴミ箱を持ってきて、きちんとゴミ箱に捨てさせます。やってはいけないことは、先まわりをして注意をすれば、叱らなくてもすみますよ。

×「コラッ、やり直し！　ちゃんと入れなさい」

きつい言葉で叱ると、子どもの反発心を招きます。怒られた行為を振り返る前に、先生の言葉にカッとして頭にきてしまっては、自分の行動を反省することも、素直に謝る気分にもならなくなってしまいますよ。

子どもの心

チェッ、そんなに大きな声で怒らなくてもいいじゃん。くやしいな～。謝りたくなくなっちゃった

机に上がって遊んでいるとき

悪ふざけなどをして“やってはいけない”とわかっていながら故意にやっているときには、厳しい態度で叱らなければいけない場面もあります。

年長 年中

子どもの心

机の上だけど上っちゃえ。どうだ、高いだろう!

机は上るところじゃないよ、下りて!

POINT

毅然とした態度で、厳しく叱り、机から下ろす。

机は**ごはんを食べたりするところだから、**上っちゃダメだよ。**落ちたら危ないよ**

子どもの心がつかめる理由

故意のルール違反には毅然とした態度できちんと叱る

机やテーブルは、食事をしたり、お絵描きをしたりする場所。だから机に上ってはいけないというのは、生活上のルールです。子どもはそれを知っていて故意にやっているので、先生は毅然とした態度で叱ることが必要です。「もし机から落ちたら危ないよね」と、子どもに危険なことだと教える言葉もつけ加えましょう。「先生はぼくのことを心配してくれているんだ」と感じれば、多少きつい言葉であっても、子どもは素直に先生の言葉に耳を傾けることができるのです。

子どもの心

そうだよね。机は上っちゃいけないって知っていたけど、やっちゃったんだ。ごめんなさい

年少

「上っちゃダメだよ、下りようね」

机には上ってはいけないことは、低年齢であってもきちんと指導します。大きな声をかけて驚かせないように、ゆっくり声をかけて、手を差し伸べて下ろしてあげましょう。

アドバイス

先生が机に上る姿を見せないこと

壁の高い位置に絵を貼りたいときなど、つい机を踏み台にしてしまう先生がいます。その姿を子どもに見せていては、叱る言葉に説得力がありません。子どもの見ているところでは、絶対に机に上らないことです。

✕ 「すぐ下りなさい！」

急に命令口調で強く言うと、子どもは拒絶反応を起こしてしまうことも。「下りろと言われたから下りない！」と反発心を抱かせないように、なぜ下りなければいけないのか、理由をきちんと話して聞かせるほうが、子どもは納得しやすいのです。

子どもの心

下りろって言われたら、下りたくなくなっちゃった。先生の言うことなんか、聞かないもんね！

ウソをついたとき

子どものウソは、自分の願望や期待を口にしていることが多く、悪意があることは少ないもの。その子の気持ちを整理してあげることがポイントです。

- 子どもの心 -
だって、ぼくはそう思うし……

年長　年中

1. ガッシャーン
2. 「そらくんが落としちゃったよ」「ぼくじゃないよ」
3. 「ひじがぶつかっちゃったの～」「だってね…」

そうか、**そらくんはそう思うんだ。でもかなちゃんはこう言っているよ**

子どもの心がつかめる理由

期待や願望がウソに変わることも まずは子どもの気持ちを受けとめる

子どもは自己中心的なので、願望や期待も現実だと思って話し、それがまわりから見るとウソをついていると判断されてしまうことも。先生は願望を語っているのか、ウソをついているのかを判断して対処することが大切です。多くの場合、そこには悪意がないので、まずはその子の気持ちを受けとめ、言い分を聞いてあげましょう。すると、子どもは自分のことをわかってくれると安心し、先生の問いかけに答えやすくなります。

そのうえで、お友だちに迷惑をかけてしまった場合は、「そういう言い方をすると、○○ちゃんが困っちゃうから、次からは△△しようね」と具体的に注意し、言い方をまちがえるとまわりの人に迷惑をかけるということを教えます。ウソをつくのには、子どもなりの理由があるもの。それを聞く姿勢が、子どもの素直な心を引き出します。

わざと花瓶を落としたんじゃないもん。だからぼくがやったんじゃないと思ったんだ。先生、ぼくの気持ちわかってくれてよかった〜

子どもの心

こんなときは…

頻繁にウソをつくとき

ウソをよくつく、悪意のあるウソをつく子には、個別に対応します。どうしてウソをつくのか原因をさぐり、ウソをつくとまわりが困ること、みんなが自分のことを信頼してくれなくなることもしっかりと話し、ウソはいけないと理解するまで根気よく指導しましょう。

✕「またウソをついて。ウソはダメだって言ったでしょ」

子どもの言葉をウソと決めつけないこと。もしウソだとしても、ウソをついた原因にまで踏み込んで、子どもの気持ちに寄り添うこと。「ウソをついて……」と叱ってばかりいると、ほかの子どもがウソツキとレッテルを貼ってしまうこともあるので注意が必要です。

子どもの心

なんでそう言ったのかわからないくせに。先生、ぼくの気持ち、全然わかっていないや！

お友だちに物を借りて「ありがとう」が言えないとき

素直に「ありがとう」が言えると、やさしい心が育まれていきます。感謝の気持ちはいつも口に出して「ありがとう」。そんな習慣が身につくといいですね。

年長 年中

1

2

子どもの心

ありがとうって言わなきゃ。でも恥ずかしいな……

3

あれ、**こういうときは何て言うんだっけ？**

POINT

クイズの答えを聞くように、やさしくたずねる。

4

そうだね、よく言えたね！

子どもの心が
つかめる理由

先生が率先し「ありがとう」が あふれる保育の現場にする

「ありがとう」を言えない理由は大きく２パターンあります。ひとつは「ありがとう」を言うべき場面だということに気づいていない場合。もうひとつは、わかっていても気恥ずかしくて言い出せないときです。どちらも解決法は一緒。ふだんから先生自身が、「ありがとう」の言葉を積極的に使うことです。そして、お礼を言うべき場面で子どもが何も言わなかったときは「何て言うんだっけ」などとたずね、「ありがとう」の言葉を引き出してあげましょう。

日々の生活の中で「ありがとう」の言葉が増えてくると、子どもたちはどんな状況で使えばいいかを理解するだけでなく、「ありがとう」の言葉は、言っても、言われても気持ちがいい言葉だと心で感じて、自然と口にすることができるようになっていきます。

ぼくわかってる、「ありがとう」だよね。あれ、ありがとうって言ったら、すずちゃんが笑った。なんだか、ぼくもうれしいな！

子どもの心

年少　乳児

「こういうときは、ありがとうだよね」

小さいうちから、こういうときに「ありがとう」という言葉を使うものだということを、さまざまな場面で先生が教えていくことが大切です。たとえ小さな声でも、子どもが「ありがとう」と言えたときには、「言えたね」と必ず認めてあげましょう。

「あれ、ありがとうって言わなきゃ！」

きつい言葉づかいで、「ありがとう」を強要してはいけません。それでは子どものせっかくの感謝の気持ちもしぼんでしまいます。言葉と気持ちがちゃんと重なり合って「ありがとう」を言えることが大事。単に言葉だけを求めても身につきません。

子どもの心

今、「ありがとう」って言おうと思ってたのになんだよ。言えばいいんでしょ。ありがと！

お友だちに不注意でぶつかっても「ごめんね」が言えないとき

集団生活にはトラブルがつきもの。そんなとき「ごめんね」を素直に言えるようになると、友だち関係はとってもスムーズになっていきます。

年長 年中 年少

子どもの心

わざとじゃないもん。ぼくは悪くないから、謝らないぞ！

わざとじゃなかったんだよね。**でもたいちくん、痛かったんだって。謝ろうか？**

POINT

笑顔でやさしく話しかける。

POINT

きちんと謝ることができたら、それを認めてあげる。

子どもの心が
つかめる理由

納得していなくても「ごめんね」で
案外友だち関係は丸く収まる

トラブルが起きたら、先生はすぐに子どもたちのあいだに入って互いの言い分を聞きます。そして謝るべき子どもには、わざとじゃなかった気持ちを認めてあげてから、「でもね……」と謝る理由を説明すれば、子どもも気持ちが落ちつき、「ごめんね」の言葉が出てきます。このとき、たとえふてくされていてもよしとし、「ちゃんと言えたね」と認めてあげましょう。

この時期は、「ごめんね」と言われるだけで、謝られたほうはたいがい納得できるので、「ごめんね」と口に出すのが重要です。謝ったほうも、モヤモヤしていた気持ちがそのうち消えて、すぐに仲直りできてしまいます。こうしたやりとりを経験していくことで、「ごめんね」と言うと友だちとの関係がうまくいくことを、子どもたちは学んでいくのです。

先生、ぼくの話をわかってくれた。あっ、たいちくん、まだ痛くて泣いている……。やっぱり、ごめんねって言わなくちゃ！

子どもの心

アドバイス

「ごめんね」と「いいよ」はセット

きちんと謝らせることも必要ですが、謝られた子にも許すことを教えることが大切。ときには「○○くん、ごめんねって言ってるよ、いいよね」などの言葉を添えて、許すことの大切さを伝えます。ケンカは「ごめんね」「いいよ」の言葉を交わして、おしまいにしましょう。

✕「たいちくんが泣いているでしょ、早く謝りなさい！」

わざとじゃないという気持ちが強い子に、一方的に謝らせようとしても反発するだけです。また、故意じゃない場合、自分の行為に気づかず、謝る理由がわかっていないこともあります。目の前の状況だけにとらわれず、事情を聞いてから判断しましょう。

子どもの心

わざとぶつかったわけじゃないのに、先生は理由も聞いてくれないんだ……。絶対に謝らないぞ！

お友だちに暴力をふるったとき

“暴力はいけないこと”というメッセージは、日常の保育の中で意識して伝えていきましょう。それでも起きてしまったら、素早く行動して対処します。

年長 年中

子どもの心

あ～もう、うるさいな！　あっち行けよ！

たたかない、けらない、お友だちに手を出さない！

POINT

真剣な表情でピシッと叱る。

ふたりとも言葉が使えるんだから、**話し合いで解決しようね**

子どもの心がつかめる理由

暴力はダメという意識を日常から徹底して教える

日ごろから子どもたちに「手を出してはダメ」と繰り返し伝えるだけでも、お友だちをたたく子はグンと減ります。それでもがまんができずに手を出してしまった場合は、その行為をまず叱り、話し合いで解決させます。子どもたちにとっては、気持ちを言葉で表現し、物事を解決する姿勢を学ぶよい機会。たたかれた子も、しつこく言った、相手のいやがることをしたなどの原因に気づき、自分の行動について考えることができます。言葉が未熟な部分もあるので、先生が解説役になってもいいでしょう。

子どもの心

かずみちゃんが同じことを何回も言うからうるさくて、手が出ちゃったんだ。そうか、何度も言わないでって話せばよかった

年少 乳児

「たたかないで！　お友だちに手を出しちゃダメよ」

小さいころから、まちがったことはきちんと言葉で言って聞かせることが大事です。暴力はいけないことを念を押して伝え、そのうえで「どうしたの？」と理由をたずね、気持ちを理解してあげることです。

アドバイス

全体を見渡し未然に防ぐ

お友だちをたたいたり、ケンカが始まる瞬間、子どもの動きがかわります。先生はそれをキャッチしてスッとその子に近づくこと。いつも教室全体が見渡せる位置にいて、即座に対応できるように。

✕「ゆうとくんは、すぐたたく子なんだから……」

子ども自身を否定するような表現は、使わないように十分注意をしなければいけません。叱るときは、子どもがふるった“暴力”という行為を否定しましょう。行為を叱り、子ども自身は認めて、受けとめてあげることこそが保育です。

子どもの心

どうせ、ぼくは悪い子ですよ。先生はぼくのことなんかきらいなんでしょ！

遊びに夢中で トイレに行こうとしないとき

おしっこやウンチがしたくなったら、自分でトイレに行くことは基本的な生活習慣。トイレに行きたがらない子は、何が問題かをしっかりと先生が見極めて。

年長 年中

子どもの心

おしっこしたくなっちゃった。でもこのおもちゃでまだ遊びたいし、ほかの子に取られたらイヤだし……

POINT

まず、そわそわしている理由を確認する。

先生がそのおもちゃを預かっておくから、行っておいで！

子どもの心がつかめる理由

ひとりひとりに理由があるもの 原因を見極めて言葉をかける

子どもがトイレに行きたがらない理由は、その場を離れたくないか、トイレ自体に何か問題があるときです。遊びを中断するのがいやな様子なら、タイミングを見計らって声をかけたり、おもちゃを預かって安心させたり、「○○ちゃんがトイレから帰ってくるまで待っていてあげようね」とほかの子どもに声をかけます。トイレ自体に不安があるときは、原因を聞いてみます。こわい、さびしいといった理由なら、何度か一緒に行って「大丈夫だよ」と言葉がけすれば、次第に安心できるようになります。

子どもの心：よかった。先生が持っていてくれたら安心だ。さっさと行ってこよ

年少

「ちょっとトイレ行ってみようか」

年少さんは自分でおしっこのタイミングを計るのは難しい場合も多いので、自分でトイレに行けるようになる訓練の時期と考えます。先生が言葉がけをしながら少しずつ覚えていければいいと考えましょう。

こんなときは…

おもらしをしてしまったとき

おもらしは子どもにとってもショックなこと。さらに怒られれば、子どもはとても傷つきます。たとえトイレに誘って行かなかった結果でも、叱らずに、「今度はトイレ、ちゃんと行こうね」とやさしく声をかけます。

×

「おしっこでしょ。早く行ってらっしゃい！」

理由も聞かずに、命令口調で言われても反発するだけです。ますます意固地にさせてしまい、トイレに行かなくなります。また年長さんくらいだと、トイレのタイミングはほぼ自分で判断できるようになるので、子どもにまかせてもいいでしょう。

子どもの心：このおもちゃ取られたくないから、トイレは行かないもん。うん、もう少しがまんしよう

園内の物を壊してしまったとき

“物を壊してしまったときは謝る”という習慣づけは大切です。子どもに悪気がないときは、あえて叱るのではなく、謝ればよし、という態度で接しましょう。

年長 年中

子どもの心

どうしよう、破れちゃった。先生に怒られちゃう……

こうういうときは、**どうしたらいいのかな？**

POINT

やさしい声でたずねて、ひと呼吸待つ。

そうだね。**きちんと謝れたね**。じゃあ、**もういいよ**

子どもの心がつかめる理由

壊したことを叱るより 謝ったことを評価しよう

物を壊すのはいけないことですから、“謝る”ことを指導するのがまず基本です。でも故意にやったのでなければ、壊した事実についていろいろ言うよりも、きちんと謝れたことを評価してあげ、あとに引きずらないほうが、子どもたちは素直に謝ることを覚えます。問題は故意に壊したとき。なぜそんなことをしたのか理由を聞き、自分の行為をきちんと振り返らせ、反省をさせることも必要。園長先生などにきちんと謝る、というシチュエーションを作るのも効果的です。

子どもの心

本、破いちゃってごめんなさい。でも、先生、きちんと謝れたことをほめてくれた。正直に話してよかった！

年少

「大変だ！ 破れちゃった。ごめんなさいしようね」

物は乱暴に扱うと壊れることを知るのも経験。また物を壊すのはいけないことだから「ごめんなさい」を言わなければいけないと知れば、物を大切にする意識が育ちます。

こんなときは…

誰が壊したかわからないとき

壊した人が誰かわからないような状況でも、問題をうやむやにするのはよくありません。そんなときはクラス全員で園長先生に謝るなどして、子どもたちみんなでけじめをきちんとつけさせましょう。

✕ 「あ〜あ、破れちゃって。どうするのよ〜」

物を壊してしまった時点で、子どもは動揺しています。それに追い打ちをかけるような言葉を投げかけては、子どもの気持ちが落ち込むだけ。壊れた物は戻らないのですから、謝ればよしとする姿勢を大事にしましょう。

子どもの心

どうするのって言われても、どうやって直せばいいのかな……。どうしたらいいんだろう……。悲しくなっちゃったよ

物を投げつけるとき

物を投げると、人にケガをさせることもあると気づかせ、毅然とした態度で、こうした行為を繰り返すことのないように、きちんと指導する必要があります。

年長 年中

1

子どもの心

このブロック、うまくつながらないぞ。あ～、もうヤダ～！

2

アッ！

POINT

大きな声を出して驚くように。

3

なおくんが**危なかったよ。**
物を投げちゃダメだよね。
これからは投げないでね

4

POINT

大げさにお友だちが危険だったことを伝える。お友だちにケガがないかも確認。

子どもの心がつかめる理由

大げさに声を上げることで子どもに“しまった”と思わせる

子どもがおもちゃなどを投げてしまった場合は、その瞬間、大きな声を出して驚きます。これは周りに危険を察知させ、同時に大事が起きたことを印象づけるためです。そしてあわてて投げた方向にいる子どもにケガがなかったかを聞きます。少し離れた場所にいたり、物があたっていなくても、大げさに心配することで、投げた本人も、「大変なことをした」と気づきます。暴力と同様に、物を投げるとお友だちにケガをさせてしまうこともあると、日ごろから根気よく伝えていきましょう。

子どもの心

大変だ、なおとくんにケガさせちゃうところだった。ブロックも壊れなくてよかった。もう投げるのはよそう

年少　乳児

「おもちゃを投げちゃダメだよ」

怒って物を投げる行動は、低年齢のほうが多く見られます。しかし幼いからと見過ごさないこと。0歳、1歳児からでも、その都度、繰り返し言い続けることがとても大切です。

アドバイス

石は絶対に投げさせない

小石は小さくて子どもたちが扱いやすく、園庭や公園、散歩の途中などでも簡単に拾えてしまいます。しかしとても硬く、人や物に危害を与えるとても危険な物です。どんな状況であっても、「石は投げない」ことを教え、トラブルを回避しましょう。

×

「いけません！」「ダメ！」

子どもは、具体的な状況をきちんと話さなければ、何がダメだったのかがよく理解できません。納得できなければ、また同じことを繰り返してしまうので、禁止の言葉だけを投げかけるのはやめましょう。

子どもの心

先生はダメ、ダメっていつも言うけど、何がいけなかったんだろう？まぁ、いいか～

長い物を振り回しているとき

長い物を手にするとうれしくなって、つい振り回してしまう子どもたち。「危ない」と取り上げるのは簡単ですが、じょうずに使わせる言葉がけもありますよ。

子どもの心

長くて、かっこいい剣みたいだぞ！

まわりをよく見て！
お友だちにぶつかりそうだよ

年長 年中

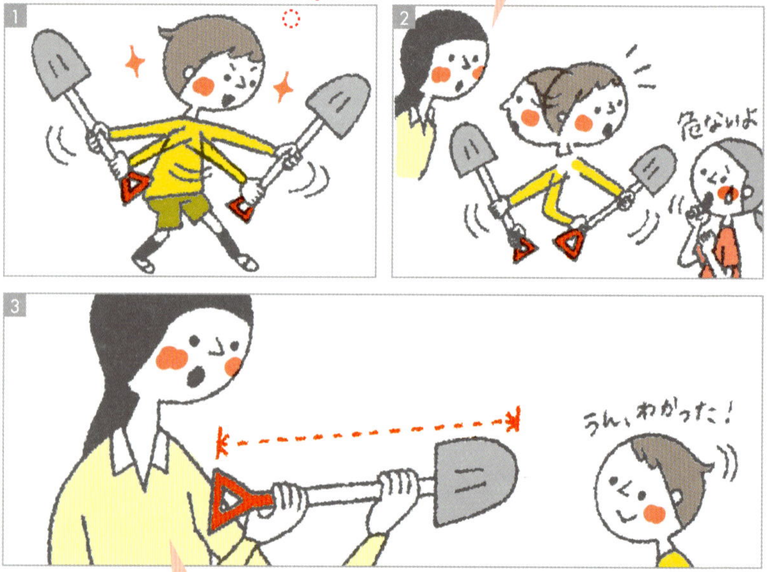

端から端まで、ちゃんと気にして使おうね！

POINT

物の長さを目で確認させながら言う。

子どもの心がつかめる理由

事故防止には子どもの感覚で大きさを把握させる

子どもにとって扱いが難しい道具は、使い方をまちがえるとケガにつながります。先生はまず危険性を指摘し、子ども自身にその道具を操作できる力量があるかを判断してから、正しい使い方を教える必要があります。特に大きい物、長い物では、「ここからここまで長いんだよ」と手で示し、端から端までの長さを目で確認させ、難しい道具だから気をつけるよう教えます。「これは長いので振り回すと危ないから気をつけて。でも○○ちゃんなら大丈夫だね」などと指導すれば、子どもは真剣に受けとめてくれます。

子どもの心

シャベルはこのくらいの長さだ。振り回すと危ないな。よし、ぼくは年長さんだから上手に使えるよ。先生、安心して見ていてね！

年少

「危ないよ。長いからね」

まだ取り扱いが難しい物は、年少さんには渡さないこと。まわりに気をつければ使える物でも、目を離さずにそばで見守るようにします。「まわりに注意しようね」などの言葉がけもいいでしょう。

アドバイス

危なくないおもちゃを作ろう

子どもたちは長い物を振り回すのが大好き。新聞紙や広告の紙などをクルクル巻いて細い棒を作り、遊ばせるのもいいでしょう。硬さ、先のとがり具合は危なくないように先生が調節します。

✕ 「危ないからやめなさい！」と取り上げる

危ないからと、何でも取り上げていては、子どもたちは成長しません。扱いが難しい物をどう使いこなすかも経験です。正しい使い方を知らなければ、陰でこっそり遊んだときに大事故につながることもあります。使う様子を見ながら指導することが大切です。

子どもの心

あ〜ん、せっかく遊んでいたのに……。あとで先生のいないところで、こっそり遊んじゃおう！

急にママやパパが恋しくなったとき

お友だちや先生と楽しく遊んでいても、ときには保護者のことを思い出して、急にさびしがる子どももいます。そんなときにはさびしさを共有する言葉がけを。

子どもの心

お迎えまだかな～。ママに会いたくて、悲しくなってきちゃった……

年長 年中

そうだよね～。ママがいいよね～。もうすぐお迎えくるから、**がまんして待っていようね**

POINT

子どもをひざの上に座らせ、抱きしめて安心感を与えながら。

子どもの心がつかめる理由

さびしさに共感してあげスキンシップで温かい気持ちに

特に保育園では保護者のお迎えの時間にバラつきがあるため、その様子を見て子どもが急にママを思い出してしまうことがあります。子どもが悲しくなったり、さびしそうにしているときは、「そうだね、さびしいよね」「やっぱりママがいいよね」と、子どもの気持ちに寄り添います。そしてなによりも効果的なのがスキンシップ。抱っこしたり、手を握ったりすれば、ママとはちがうけれど、その温かさに子どもはホッと安心して、さびしさを紛らわすことができます。

子どもの心

早くママに会いたいけど、先生が抱っこしてくれるから温かいな。ママみた～い！

年少 乳児

「ずっと一緒にいてあげるね」

気持ちが不安定な子のケアを第一に考え、できるだけその子のそばにいるようにします。「抱っこしてあげるからね」「一緒に遊ぼうか」などと言って、時間をかけてじっくりと１対１で接しましょう。

アドバイス

“がまん”を子どもは受けとめてくれる

がまんなどの子どもに強いる表現をきらう、考え方もありますが、現実は子どもががまんしなければいけない場面もあります。「がまんしようね」と言うと、案外子どもはがんばれるものです。

✕「泣いたって、ママはこないよ」

確かに真実の言葉ですが、そうやって突き放したら、子どもの心のさびしさを解消することはできません。また連絡もしていないのに「今電話したら、もうすぐくるって」などとウソを言って、その場の状況をごまかすこともしないようにしましょう。

子どもの心

そんなこと、わかってるよ～。でもさびしいから泣いているんだ。ママ、早くきてよ～！

保護者への言葉がけ

SCENE 7

迎えの時間を守らないとき

お帰りなさい
まなちゃんも
心配していました。
遅れるときは
電話してくださいね
はい……

先生も待っていたという気持ちを子どもを通して間接的に伝える

遅れてきた保護者であっても、まずは「お帰りなさい」と先生は笑顔であいさつをします。そして、迎えにきた保護者の労をねぎらいつつ、保護者側からの言い分を待ちましょう。その上で「○○ちゃんも、迎えが遅いから心配していました」と言います。この言葉には、“先生も”という意味を込め、できれば保護者に「子どもだけでなく先生も、いつ迎えにくるかを待っていた」という気持ちに気づいてもらうようにしましょう。

保護者があわただしく帰り支度をしているそばから、言葉をたたみかけるように言う必要はありませんが、ちょっと落ちついたタイミングを見計らって「遅れるときは電話を１本入れてください」「電話があると安心です」などと、事前に決めた約束は守ってほしいことをやんわりと伝えます。

またいつも遅れるような場合には、「電車に１本早く乗れるように……」「5分早く会社を出られませんか」など、少し具体的に話し、最後は「よろしくお願いします」と、こちらからお願いする立場で締めくくります。

✕「いつも遅れるんだから……」

遅れるにはそれなりの理由、言い分はあるはずですから、頭ごなしに責めず、まず保護者の言葉を待つこと。たとえ毎回遅れていたとしても、こう言われると、「どうせ遅れると思ってるんだ」と保護者は考え、事態の改善につながりにくくなります。

SCENE 8

年中行事

行事の日は、子どもも先生もドキドキ、わくわく。いつもとは少しちがった雰囲気がただよい、全体的に落ちつきがなくなります。まずは先生がいつも通りに接することが大切。

避難訓練中にふざけているとき

避難訓練は子どもたちの命を守る、大切な行事のひとつ。でも定期的に行われるせいか、子どもたちの気も緩みがちです。緊張感をもたせて行動させるには……。

子どもの心
どうせ火事なんてウソだよ。ちゃんとやらなくたって大丈夫さ！

年長　年中

1　避難訓練です！給食室から火が出ました　みんな集まって！

2　えっへっへ　いっひっひ

3　ごめんなさい　※キリッ　真剣

POINT
ピシッとした口調で真剣に対応する。

もし、**本当の火事だったらどうなるの？**

子どもの心がつかめる理由

本当に災害があったらどうなるかを子どもたちに考えさせることも必要

　最初は緊張して避難訓練をしていた子どもたち。でも何度も繰り返すうちに、避難訓練をしても何も起こらないと体験的に気づき、緊張感が失われてしまうことがあります。ふざけている子には、「もし本当だったらどうなるの？」と真剣な表情でたずねて考えさせます。それから、「避難訓練は本当に地震や火事があったときにケガをしないように逃げるための練習なんだよ」などと説明し、避難訓練の意味を気づかせましょう。また、先生の真剣な姿勢を見せると、子どもたちもそれを肌で感じ、まじめに取り組むようになります。

子どもの心

本当に火事になったらお部屋も燃えて、煙で苦しくなったりするんだよな。先生にちゃんとついて行かなくっちゃ！

年少

「ケガするかもしれないんだよ」

　まだ避難訓練を理解するのは難しいですが、「とても大切なことをしている」、「きちんとやらなければいけない」ということを先生自身の行動や口調で伝え、ふざけているとどうなるかも真剣に話しましょう。

こんな方法も

子どもにケガ人の役をさせる

　「○○ちゃんが崩れてきた塀でケガをしました」と大きな声で言い、急きょ、子どもにケガ人の役をさせます。災害が起こったときにふざけているとケガにつながり、危ないことを気づかせることが大切です。

✕「ほらほら、避難訓練なんだから、ちゃんとやりなよ～」

　先生自身が避難訓練への緊張感を欠き、ダラダラとした行動をとっていると、それはすぐに子どもたちに伝わってしまいます。まずは先生がお手本になり、キビキビとした行動をとること。ふざけている子どもをそのまま放っておくのもNGです。

子どもの心

ウソなんだからいいじゃん。外に出るのめんどうくさいよ。早く終わらないかな……

参観日で後ろが気になって話を聞いていないとき

参観日は子どもたちもソワソワ。気が散って活動に集中できない子もいます。「ちゃんときているよ」と親と子を結ぶことで、子どもの気持ちを落ちつかせます。

POINT

子どもがきちんと理解できるよう、保護者を指差して、目で確認させる。

年長 年中

子どもの心

ママ、ちゃんときているかな、見つからないな～。まだかな……

大丈夫。**ママちゃんといるから前を見て集中しようね！**

子どもの心がつかめる理由

保護者と子を結んで安心させてから前を向くように話す

保護者がきていることを確認できるまでは、子どもは不安で後ろをチラチラ見てしまいます。気持ちを落ちつかせるには、その不安を取り除いてあげればいいのです。先生が保護者を指差し、子どもに保護者がいることを目で確認させましょう。それでも不安気な子には、保護者に声をかけて、子どもとアイコンタクトでしっかりと結びつけてあげます。子どもは「自分を見てくれている」ことが納得できれば、安心して前を向き、先生の話に集中することができるのです。

子どもの心

よかった。ちゃんとママはわたしを見ていてくれるんだ。しっかり先生の言うこと聞いて、イイとこ、見せなくちゃ！

年少

保育参観ではなく保育参加に

後ろで保護者に見てもらう設定では、子どもたちを落ちつかせるのは難しいでしょう。親子で一緒に遊ぶ保育参加にしたほうが、スムーズですし、子どもたちも楽しく過ごすことができますよ。

こんなときは…

クラス全体が落ちつかないとき

最初に「今日は参観日です。みんな、気になるね。じゃあ１回だけ、後ろを見てパパ、ママを確かめてみよう」と声をかけ、「いいですね、それでは前を向いて集中しよう」と話し、進めましょう。

✕「は～い、後ろは気にしないで、こっちを見なさい」

子どもたちが気になっていることを、「ダメだからやめなさい」と注意するだけでは、不安を増長させ、むしろ子どもたちはソワソワと落ちつきがなくなってしまいます。一度、子どもたちの気持ちを満足させたほうが、スムーズに進行できます。

子どもの心

気にするなって言われても、ママがちゃんときているか、不安なんだもん。ママ、見てくれているのかな……

SCENE 8　年中行事

保護者が行事に参加できず
子どもがひとりでいるとき

参観日などに保護者が参加できず、自分だけひとりぼっち。子どもがそんなさびしい思いをしてしまう状況では、先生のきめこまやかな配慮が求められます。

子どもの心
ママもパパもきていないから、ぼくだけひとりぼっち。さびしいな……

年長　年中

1.

2. では、一緒にお面を作りましょう
ぽつん

3. ね？ね？

4. しょうがないなぁ 一緒にやってあげてもいいよ

あきらくん、先生にママの役を**やらせてほしいなぁ。お願い、いいでしょ？**

POINT
顔をのぞき込んで、ちょっと大げさに頼み込む。

子どもの心がつかめる理由

さびしい子どもの気持ちに優越感をもたせてあげよう

お友だちの保護者は参加しているのに、自分だけひとりぼっち……。子どもにとってつらい状況をわかってあげるのは当然ですが、同情することは子どもの心をよけいに傷つけてしまいます。先生が下手に出て、「一緒にやらせて」とお願いする態度なら、「先生が頼むのならいいか」と優越感を感じ、保護者のいないさびしさを紛らわせることができます。保護者が欠席する子どもは事前にチェックして、その場であたふたせずに、自然な流れでその子につくようにできるといいですね。

子どもの心

先生が頼むから、しょうがないな。ママ役をやらせてあげよう。でも今日は、先生はぼくだけのものだからね！

年少

「今日は先生が○○ちゃんのママ、よろしくね」

いつもの先生としての態度ではなく、少し大げさにママ役を演じます。「大好きな先生が自分だけのものだ」という独占欲を満たしてあげることで、さびしい気持ちがふき飛びます。

こんなときは…

保護者のいない子どもが複数

先生の数がたりず、子どもと１対１で対応できないときは、子どもたちをグループにまとめて、ひとりの先生がつきます。子どもたちに連帯感が芽生え、自分がかわいそうという気持ちが薄らぎます。

✕ 「あきらくんのママはいませんか？じゃあ、先生と一緒にやろうか」

保護者のきていない子どもの名前を、大きな声で呼んでしまっては、とても傷つきます。そのうえ、イヤイヤやってあげるような言動を、子どもは敏感に感じ取ります。

子どもの心

ぼくだけママがきていないんだ。さびしいなぁ……。先生もぼくと一緒にするのイヤなんだ。じゃあ、ぼくひとりでやるよ。

運動会の練習をやりたがらないとき

運動会に向けて、みんな一緒に練習してほしいのに、なかには集中できず、ほかのことを始め出す子どもも……。そんな子にやる気を出させる言葉がけがあります。

子どもの心
あ〜あ、練習つまらないや。お絵描きのほうが楽しいや！

年長　年中

> みんな練習がんばっているけど、ともちゃんは**一緒にやらなくていいのかな？**

じゃあみんなのところへ行こうか!!

やるっ！

POINT
責めるのではなく、やさしくたずねる。

子どもの心がつかめる理由

みんな一緒にがんばるから楽しい お友だちと協力する大切さを伝える

同じ動作を繰り返したり、先生の言うとおりに動かなければいけない練習は、つまらないと感じる子もいます。集団で行う練習では、「みんなで」「一緒に」がキーワード。子どももひとりは不安。みんなで協力する場面であることを強調すると、やっぱり参加しなくちゃと思うようになります。なぜ練習をするのか。「練習をするとうまくなる→自信がつく→運動会が楽しめる」という動機づけをするのもひとつの方法です。自信のない子には「じょうずになったね」「がんばったね」などの声がけを忘れずに。

子どもの心

ひとりだけ踊れなかったらイヤだな。やっぱりみんなと一緒に練習して、仲よく踊れるようになりたいな

年少

「先生と一緒にやろう。さぁ、行くよ」

子どもどうしより、先生と一緒にすることがうれしい年ごろ。やさしく声をかけて、手をつないで誘い、みんなの輪の中に入れてあげます。それでもいやがるときは無理強いせず、繰り返し声をかけていきましょう。

アドバイス

苦手な子には個別に対応を

運動に苦手意識をもっていたり、うまくできないかも……と不安を感じている子どもには「先生と練習しようか」と個別に対応します。ていねいに指導し、自信をつけさせてあげるといいでしょう。

×「やりたくないなら、やらなくてもいいよ」

「練習を一緒にしなくて大丈夫かな」という不安があるのに、突き放してしまうと、子どもは参加するタイミングを逃してしまいます。「わたしのことを気にかけて」という合図でもあるので、排除するような言動は厳禁です。

子どもの心

先生はわたしなんかいなくてもいいと思ってるんだ。もう絶対、練習なんかしないからね！

発表会などで緊張しているとき

発表会やお遊戯会。失敗しないかな、うまくできるかなと不安になり、本番では緊張しすぎてしまう子もいます。そんなときは気持ちをほぐせる言葉がけを。

子どもの心

緊張するな～。失敗したらどうしよう……

いっぱい練習してきたんだから大丈夫。まちがえても平気だからね！

年長 年中

POINT

満面の笑顔でやさしく声をかける。

子どもの心が
つかめる理由

失敗しても大丈夫だと伝え 不安感を取り除いてあげる

発表会などの場面では、年齢が上がるほどきちんとやろうという意識が強くなり、パパやママにいいところを見せたい、失敗したら恥ずかしいと思ってしまうもの。子どもたちが緊張するのは当たり前のことと考え、不安な気持ちを受けとめましょう。そのうえで「失敗しても平気だよ」と安心感を与えれば、子どもの気持ちが落ちついてきます。発表する前に、あいさつなどで一度舞台に立ち、それから本番に入るのも、緊張感をやわらげる効果がありますよ。

子どもの心

ちゃんとやらなきゃって思ったらドキドキしちゃったけど、先生、まちがえてもいいって言ったもん。よし、がんばろう！

年少

「パパとママいたね、これで安心！」

保護者の姿を見ると安心して気持ちが落ちつく子どもも多いので、舞台のそでから一緒に保護者の顔を探して確認させます。劇の途中で親を探してキョロキョロ、などといった事態も避けられます。

こんな方法も

体の緊張感を解いてあげる

心の緊張は、体の緊張にもつながります。大きく深呼吸をして、体の力を抜いてフニャフニャ体操。体がリラックスできると、気持ちもゆったりして、ドキドキが収まってくるはずです。

✕「どうしよう、先生も緊張してきちゃった」

先生の気持ちを子どもは敏感に感じ取ります。まして「先生も緊張している」などと言葉に出したら、よけいに子どもたちは不安になり、動揺が広がってしまいます。先生がまず、笑顔で自信をもって、子どもたちを送り出してあげることが大切です。

子どもの心

きっと、先生もうまくできるか心配なんだな。やっぱり失敗しちゃうかも。もっとドキドキしてきちゃったよ……

著者

矢吹秀徳（やぶき　ひでのり）

東京都練馬区立豊玉第三保育園の保育士。1960年、福島県いわき市生まれ。練馬区立の保育園では男性保育士第1号で、1984年からの保育歴をもつベテラン保育士。"子どもとともに生きる"をモットーに、子どもに直接関わるクラス担任をしながら、子どもや保育を探求している。

STAFF

- 本文デザイン ── 大久保春菜（インディゴ デザイン スタジオ）
- 本文イラスト ── さいとうあずみ
- 執筆協力 ── 桑名妙子、米原まゆみ
- DTP ── ニシ工芸株式会社
- 編集 ── 株式会社童夢
- 企画・編集 ── 成美堂出版編集部

子どもに届く ことばがけ

著　者　矢吹秀徳（やぶきひでのり）

発行者　深見公子

発行所　成美堂出版
　　　　〒162-8445　東京都新宿区新小川町1-7
　　　　電話(03)5206-8151　FAX(03)5206-8159

印　刷　株式会社フクイン

©Yabuki Hidenori 2011　PRINTED IN JAPAN
ISBN978-4-415-31026-8

落丁・乱丁などの不良本はお取り替えします
定価はカバーに表示してあります

- 本書および本書の付属物を無断で複写、複製（コピー）、引用することは著作権法上での例外を除き禁じられています。また代行業者等の第三者に依頼してスキャンやデジタル化することは、たとえ個人や家庭内の利用であっても一切認められておりません。